教科書では教えてくれない

愛とエロスで読み解くギリシャ神話

平川陽一 著

Clover
クローバー出版

はじめに

ギリシャ神話は、古代ギリシャ人の伝承から生まれた物語です。紀元前十五世紀頃にまで遡《さかのぼ》ると考えられ、紀元前八世紀頃になって、ようやく詩人たちによって文字に書き起こされ始めたのです。

ギリシャ神話には、神々の誕生から死、そして再生まで、広い範囲にわたる物語が綴《つづ》られています。それと同時に、愛、権力、尊厳、欲望など、さまざまな話をわかりやすく説明する役割も果たしてきました。そのため、ギリシャ神話は時間と空間を超え、今も世界中の人々の心に響き続けているのです。

もうひとつ、ギリシャ神話が世界中のほかの神話と比較にならないほど特別な存在となっている理由があります。それは、私たちの最も身近にある日本の神話と比較してみるとよくわかります。

日本神話に登場する神々は、人間の世界から遠くのものとして描かれることが多いのですが、ギリシャ神話の神々は人間界に深く関わり、ときには人間と恋愛や争いを起こすほど近くにいます。さらに、ギリシャ神話に登場する神々は人間の姿のようにあらわれていますし、感情も私たちに類似して描かれています。

このような神々と人間の距離の近さも、ギリシャ神話を特別な存在としているのではないでしょうか。

しかし、忘れてはならないことがあります。彼らのエネルギーは、人間のそれをはるかに超えているという点です。もちろん、それは感情にも言えることで、そのエネルギーの大きさと激しさ故、人間たちにあまりある「愛」を与えることもありますが、ときには恐るべき残忍な存在になっています。

ちなみに、神々のあらわすさまざまな感情の中でも、「愛」はギリシャ神話の中心となる要素です。しかも、愛は神々の間で交わされるだけでなく、神々と人間の間にも芽生え、お互いを結びつける強い力ともなります。

この愛は情熱的な恋愛であったり、家族の絆のような存在であることもあります。

どんなかたちであったとしても、この強い感情の前では、神々でさえもときおり、その力に屈してしまうことがあり、それもまたギリシャ神話の魅力となっているのではないでしょうか。

一方、愛と同様に「欲望」もギリシャ神話の重要なテーマになっています。神々は強いエネルギーを持っているのと同時に、強大な欲望も抱え、これが彼らをときとして暴走させます。その結果、神々の行動が周囲の人間を混沌《こんとん》とした状況に巻き込み、破滅に至らせてしまうケースもしばしばです。

本書では、ギリシャ神話に描かれている「愛」と「欲望」に焦点を当て、その代表的な物語を紹介します。たとえば、美しい女神アフロディテの限りない欲望、ゼウスの無邪気で自由奔放な恋愛、そして酒池肉林に溺れたアキレウスなどなど、これらはすべて愛と欲望が絡み合いながら展開されます。

このような「愛」と「欲望」というテーマは、ギリシャ神話が生まれて三千年以上経った今でも、人間の深層心理に響くものです。そのため、ギリシャ神話に描かれた物語は、「愛」と「欲望」が私たちの行動や人生にどんな影響を及ぼすかを探る手がかりともなります。

本書を読み進めれば、古代ギリシャの神話に触れ、神々と英雄たちの壮絶な物語に魅了されるでしょう。そして、彼らの愛と欲望が織りなす物語を通じ、自分自身について、そして人間そのものについて深く考える機会になるでしょう。あなたの心を解き放ち、さらに知的好奇心を満たして感動の波を呼ぶことを心から願っています。

二〇二三年七月吉日
平川陽一

装丁画・本文イラスト／田村ミホ

Contents

はじめに …… 2

キャラクター紹介 …… 8

Episode 1 罠にはまったアフロディテの物語 …… 12

Episode 2 世界一の美女の座を得たアフロディテの物語 …… 36

Episode 3 蜘蛛にされたアラクネの物語 …… 56

Episode 4 青銅の部屋に閉じこめられたダナエの物語 …… 70

Episode 5 酒池肉林のアキレウスの物語 …… 88

Episode 6 白鳥に化けたゼウスとレダの物語 …… 112

Episode 7 夫を裏切ったヘレネの物語 …… 134

Episode 8 父を殺した母とオイディプスの物語 …… 156

Episode 9 処女神アルテミスをのぞき見たアクタイオンの物語 …… 180

Episode 10 性の教団の教組となったディオニソスの物語 …… 198

Episode 11 牛と交わったパーシパエーの物語 …… 216

Episode 12 アマゾネスの女たちとヘラクレスの物語 …… 234

ギリシャ神話
キャラクター紹介

Greek Mythology Characters

古代ギリシャ時代から現代に至るまで、
長きにわたり私たちを楽しませてくれるギリシャ神話。
本書に出てくる神々をはじめ、魅力的なキャラクターを紹介します。

アフロディテ

愛と美の女神で、世界一の美神。恋多き女神で、男を夢中にさせる性的魅力に溢れる。気が強く、戦いの女神の一面も。

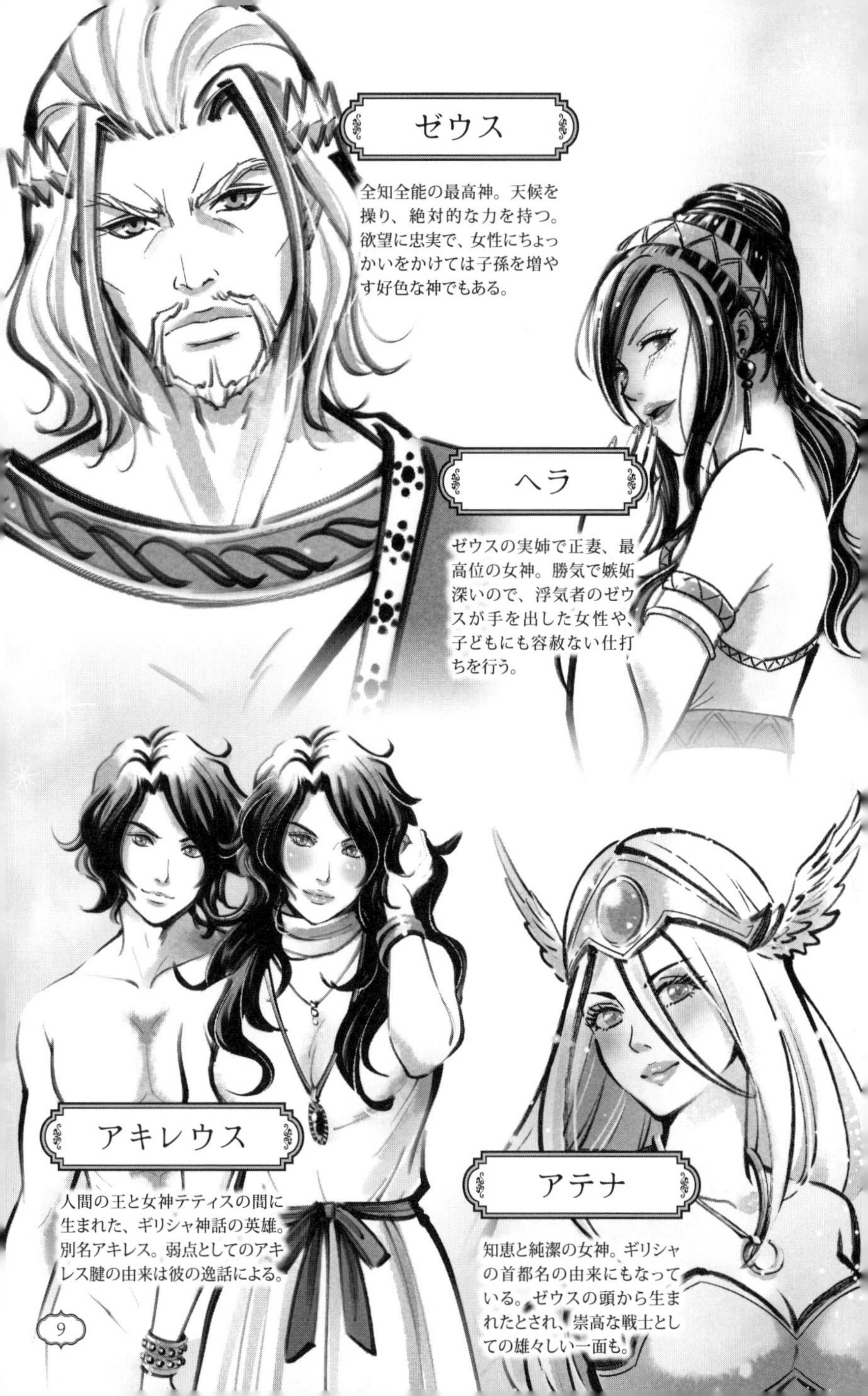
ゼウス
全知全能の最高神。天候を操り、絶対的な力を持つ。欲望に忠実で、女性にちょっかいをかけては子孫を増やす好色な神でもある。
ヘラ
ゼウスの実姉で正妻、最高位の女神。勝気で嫉妬深いので、浮気者のゼウスが手を出した女性や、子どもにも容赦ない仕打ちを行う。
アキレウス
人間の王と女神テティスの間に生まれた、ギリシャ神話の英雄。別名アキレス。弱点としてのアキレス腱の由来は彼の逸話による。
アテナ
知恵と純潔の女神。ギリシャの首都名の由来にもなっている。ゼウスの頭から生まれたとされ、崇高な戦士としての雄々しい一面も。

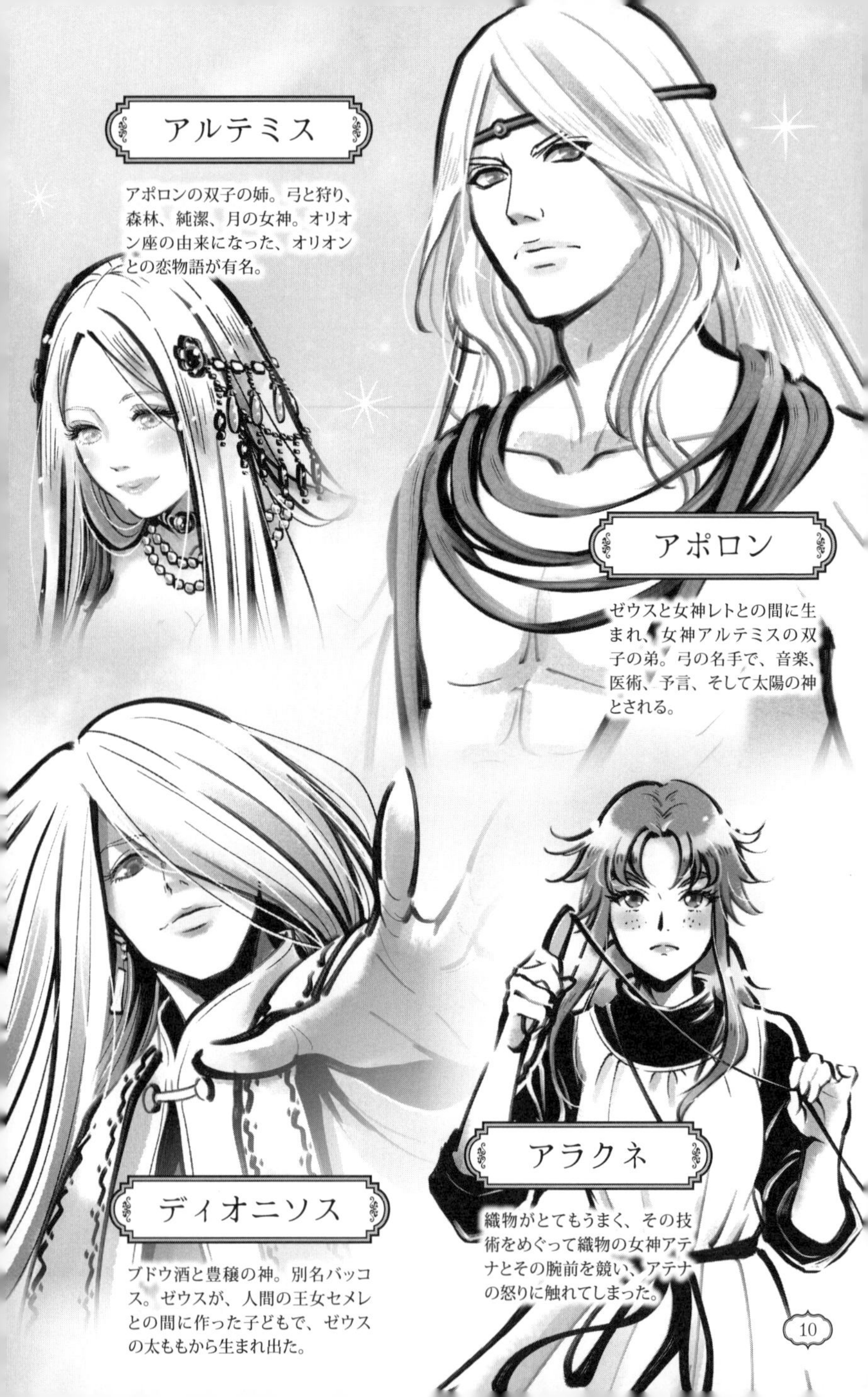

アルテミス

アポロンの双子の姉。弓と狩り、森林、純潔、月の女神。オリオン座の由来になった、オリオンとの恋物語が有名。

アポロン

ゼウスと女神レトとの間に生まれ、女神アルテミスの双子の弟。弓の名手で、音楽、医術、予言、そして太陽の神とされる。

ディオニソス

ブドウ酒と豊穣の神。別名バッコス。ゼウスが、人間の王女セメレとの間に作った子どもで、ゼウスの太ももから生まれ出た。

アラクネ

織物がとてもうまく、その技術をめぐって織物の女神アテナとその腕前を競い、アテナの怒りに触れてしまった。

テティス

海神ネレウスの娘。その美しさからゼウスや海神ポセイドンに望まれるが、人間の王ペレウスの妻となり、アキレウスを産む。

オイディプス

「息子が生まれれば父を殺し母と通づる」という神託を受けた運命の子。スフィンクスの謎を見事に解いたことでも知られる。

パーシパエー

太陽神ヘリオスと女神ペルセイスの娘で、魔女という説も。クレタ島の王ミノスの妻。彼女の恋をめぐり様々な物語が生まれた。

ヘラクレス

ゼウスと人間の王女アルクメネの間に生まれた、ギリシャ神話最大の英雄。18 歳で巨大ライオンを倒すなど数々の武勇伝がある。

Episode

1

罠にはまったアフロディテの物語

太陽が昇ると、海面に漂う白い泡の帯が露《あら》わになりました。最初にそれを見つけたのは、いつもお腹を空かしているカモメたちでした。普段は、どう見ても食べられそうにないモノにまで手を出す彼らでしたが、その白い泡には近づこうとせず、ただ上空から遠巻きに見守っているだけでした。
なぜなら、その泡がウラノスという神が失った身体の一部から流れ出たものだったからでした。空を飛ぶことと食べることしか知らないように見えるカモメでも、神のことは汚してならず従うべき存在だということを知っていたのです。
カモメたちがかわるがわる見守って一週間が過ぎた頃、その泡の中からうごめくものがあらわれました。一羽のカモメが海面めがけて急降下してみると、それは女の子でした。しかも、生まれたばかりだというのに、その女の子は魅力に満ち溢れていて、カモメたちはみなうっとりしてしまいました。

彼女の魅力に囚《とら》われたのはカモメだけではありませんでした。たまたまそこを通りかかった西風も、

「なんて美しい女の子だろう」

と感嘆して、その女の子から離れられなくなってしまいました。

そこで西風は、白い泡が消えないように静かな波を起こしながら、ゆっくりと東へ進んで行きました。その間に女の子はみるみる成長し、美しい乙女となりました。やがて、その乙女の乗った白い泡はキプロス島へ流れ着きました。

乙女が島へ上陸すると、たちまち草木が彼女に恋をして花を咲かせました。オリンポス山からその様子を見ていた女神ホーラがキプロス島へやってくると、息を呑むような美しい乙女が一糸まとわぬ姿で花々に囲まれていました。

「このような美しい乙女は地上にいるべきではないわ」

そう考えたホーラは、彼女に美しい衣をまとわせてオリンポス山へ連れていきま

した。オリンポス山に住むことができるのは神々だけで、本当なら素性のわからない女など近寄ることすら許されませんでした。

しかし、ホーラにそのことを注意してやろうとやってきた神々は、その乙女を見た途端、みな彼女の美しさに魅了されてしまいました。もちろん、神々の王であるゼウスも例外ではありませんでした。彼女を見たゼウスは、「私の養女となり、女神の一員になりなさい」と言ったのでした。

こうして晴れて女神となることを許された彼女は、「泡から生まれた」

という意味のアフロディテという名前をゼウスから賜《たまわ》り、さらにカリスという女神たちを侍女にすることを許されました。

カリスは美と優美を司《つかさど》る女神たちでした。そのカリスを侍女にしたことによってアフロディテの魅力はさらに増し、すべての男神の憧れの的となりました。


アフロディテには誰もが魅了されていましたから、彼女が「結婚したい」と望めばどんなに素敵な男神でも即座に首を縦に振ったでしょう。

ところが実際に彼女の夫になったのは、ヘパイストスという神々の中で最も醜いとされた者でした。彼の脚は両方ともあらぬ方向に曲がり、普通に歩くどころか、杖の助けを借りなければまともに立ちあがることすらできませんでした。そして、顔には大きなイボがいくつもあり、常にただれて不快な臭いを発散させていました。

このような醜い神がアフロディテの夫となることができたのは、ゼウスの正妻で最高の女神であるヘラの命令があったためでした。

実は、ヘパイストスはヘラの息子でした。しかし、彼があまりにも醜い姿をしていたため、

「こんなぶざまな子どもを産んだことがゼウスや他の神々に知られたら、笑いものになってしまうわ。一刻も早く、なんとかしないと」

と、ヘラはヘパイストスのことを下界へ投げ落としてしまったのです。

海に落ちたヘパイストスはテティスとエウリュノメという二人の女神に助けられました。そして、二人の女神に九年間育てられた後、彼女たちの助けを借りてオリンポス山へ戻ることができました。その間にヘパイストスは鍛冶《かじ》の技術を身につけ、どんなものでも作ることができるようになっていました。そして彼は、その腕前を復讐のために使うことにしたのです。

ある日、ヘパイストスは自ら作った黄金の玉座を肩に担いでヘラの屋敷を訪ねました。このとき、ヘラはまだ醜いヘパイストスが我が子だとは認めていませんでした。にもかかわらずヘパイストスが訪ねてきたため、ヘラは不機嫌そうな顔であらわれました。しかし、彼の前にある無数の宝石が散りばめられた黄金の玉座を見た途端、目を輝かせました。

「まぁ、なんて美しい玉座なのでしょう。ヘパイストス、これはお前が作ったのですか？」

「はい、その通りでございます。最高の女神であるヘラ様にお座りいただこうと、精魂込めてお作りいたしました」

ヘラは一目でその玉座が気に入り、さっそく腰掛けてみました。すると、その途端に身動きできなくなってしまったのです。

「ヘパイストス、なにをしたのです！」

ヘパイストスはただでさえ醜い顔を歪めながら、

「その椅子はただ美しいだけではなく、座った者が見えない鎖にがんじがらめにされるような秘密のカラクリが隠されております。座り心地はいかがですか、お・か・あ・さ・ま」

ヘラが大きな悲鳴をあげたので、たくさんの神々が駆けつけました。

「誰か、この鎖をほどいておくれ！」

と、ヘラが大声で求めましたが、鎖は透明だったので、どのようにしてほどけばよいのか誰にもわからず、神々はただ慌てるばかりでした。

ヘパイストスはしばらくその様子をニヤニヤしながら見ていましたが、やがて口を開きました。

「全能の神ゼウス様でもその鎖はほどけないでしょうから、もうお諦めください。鎖をほどくことができるのは、このカラクリを作った私だけです」

「ならば、お前が早くほどきなさい！」

と、ヘラが怒りにまかせて言うと、ヘパイストスはこう答えました。

「その前に、まず私を実の子であると認め、あなたが私に何をしたのかを、ここに集まった神々に告白していただきましょう」

プライドの高いヘラにとって、ヘパイストスのような醜い男神が我が子だと認めることは苦痛以外のなにものでもありませんでした。しかし、神々の前で椅子に縛りつけられた醜態を晒《さら》し続けるのはそれ以上の苦痛だったため、やむを得ず、

「ここにいるヘパイストスは、私の息子です。私が産んで、すぐに下界へ突き落としたのです」

と告白しました。

ヘパイストスの醜さはすでに神々の間にも知れ渡っていましたから、神々はその醜い男が最高の女神ヘラの息子だと聞いて、目をしばたたかせました。

「さっ、お前の言う通りにしたのだから、早くこの鎖をほどいておくれ」

と、ヘラは懇願しましたが、それでもまだヘパイストスの怒りは収まりませんでした。そこで彼は、ヘラに無理難題を突きつけることにしました。

「女神のアフロディテを私の妻にくださると約束していただければ、喜んで鎖をほどきましょう」

これを聞いた神々は驚き、ヘパイストスの図々しさに呆れました。そして、いくらなんでもヘラがこの要求を呑むはずがないと考えました。

ところが、ヘラは解放されたい一心だったので、

「わかりました、養母の権限によってお前とアフロディテの結婚を許します。さっ、これで満足でしょう。早く、この鎖をほどきなさい！」

こんなにあっさり絶世の美女アフロディテとの結婚が許されると思っていなかったヘパイストスは、実は周囲の神々以上に驚いていました。そして、ヘラの気が変わったらたいへんだと思い、急いで鎖をほどきました。

こうして、ヘパイストスは神々の中で最も醜くかったにもかかわらず、美しい女神アフロディテを妻にすることができたのです。

言うまでもありませんが、アフロディテはこの結婚に満足していませんでした。容姿の違いもさることながら、二人はなにからなにまで正反対の水と油のような存在だったためです。

たとえば、アフロディテが派手好みで恋に生きる女神だったのに対し、ヘパイストスは人に会うのを好まず、朝から晩まで仕事に没頭する真面目な性格でしたし、生活も質素でした。アフロディテがヘパイストスのことを気に入らなかったのは、当然のことでした。

本来なら深い愛を交わす時間となる新婚初夜も、アフロディテはさっさと一人で寝室のベッドに入ってしまいました。

そして、ヘパイストスが「私もそのベッドに入っていいかい？」と言いながら部屋に入ってくると、

「あなたがこのベッドに入るなら、私は床で寝ます。あなたはこの私にそんな辛い思いをさせたいのですか？」

アフロディテは背中を向けたまま、吐き捨てるように言いました。

そこで、しかたなくヘパイストスは仕事場へ戻り、仮眠用の粗末なベッドで眠り

ました。

「いつかは心を開いてくれるに違いない」

ヘパイストスはそう思いながら日々を過ごしましたが、いつまで経ってもアフロディテは笑顔ひとつ見せてくれませんでした。それどころか食事時に一緒のテーブルにつくことも拒むありさまでした。こうして、ヘパイストスは独身時代よりも孤独な時間を過ごすことになりました。

いたたまれなくなったヘパイストスは、外出することが多くなりました。神々の家へ赴き、その場で注文の調度品や鍵などを作るようになったのです。これが評判となり、ヘパイストスはますます留守がちになりました。

これをいいことに、アフロディテは昔から付き合いのある神々を家に引き入れるようになりました。彼らの中でとくに彼女が気に入ったのは、ゼウスとヘラの息子であるアレスという戦争を司る神でした。

アレスは戦場で人間たちに殺し合いをさせるのが大好きな、残忍で血なまぐさい行いを好む恐ろしい神でしたが、彫りの深い顔と逞《たくま》しい肉体を持った美男子でした。醜いヘパイストスと毎日暮らさざるを得なかったアフロディテは、その美しい外見に魅了されたのでした。

最初はこそこそと裏口から出入りし、足音を立てないようにつま先立ちで歩いていたアレスでしたが、アフロディテと密通を重ねるうちに次第に大胆になり、やがて玄関から堂々と出入りするようになりました。

ドアを開けるとアフロディテはすぐ彼に飛びつき、二人は熱いキスを交わしました。

「ねえ、早くベッドへ行きましょう」

「ヘパイストスが忘れ物を取りに戻ったらどうするつもりだ。もう少し様子を見た方がいいだろう」

「たとえ戻ってきても、私の寝室には来ないから大丈夫よ。さっ、とびきりの快楽を味わわせてちょうだい」

回数を重ねるたびにアフロディテは積極的になり、今ではアレスが躊躇するほどの大胆さを見せるようになっていました。

アフロディテに引きずられるようにして寝室へ行けば、それからはアレスが主導権を握るのはいつものことでした。アレスは逞しい腕を彼女の背中に回し、息ができなくなるくらい柔らかな身体を抱き締めました。そして、真っ白なうなじを唇で吸いながら柔らかな純白のドレスを肩からずり落とし、露わになった釣り鐘のような乳房を貪《むさぼ》るのでした。

こうして二人はヘパイストスが帰宅する寸前までベッドの中で快楽を味わい、舌を絡め合う濃厚なキスをして別れるのが常でした。

二人がこのような大胆な情事を重ねていられたのは、ヘパイストスには絶対に気付かれないという自信があったためでした。たしかに、地上に住んでいた神々はアフロディテが浮気していることに気付きませんでしたし、たとえ気付いた者がいたとしても、軍神アレスの仕返しを恐れて告げ口などできるはずもありませんでした。

しかし、太陽神ヘリオスの目をごまかすことはできませんでした。彼は常に空高くにいて、オリンポス山で起こるすべての出来事に目を通していました。ヘリオスは、ヘパイストスがアフロディテに毛嫌いされて仕事場の粗末なベッドで寝ていることも知っていましたし、彼が外出した途端、アフロディテがアレスを自宅へ引き入れるのも知っていました。

「このままでは、真面目なヘパイストスが哀れすぎる」

そう考えたヘリオスは、ある日、空から下りて帰宅途中のヘパイストスの前へあらわれました。

「私の名はヘリオス。地上で起こるすべての出来事を見つめている太陽神です」

ヘパイストスは、突然、目の前にあらわれたヘリオスに驚きを隠せませんでした。

「その太陽神殿が、私になんの用事ですか。もしかして……調度品を作ってほしいという依頼でしょうか」

思った通りのいい人ぶりに、ヘリオスは自分の行いが正しいことに自信を持ちました。

「いや、あなたに事実を教えてあげようと思い、こうしてやってきたのです」

「事実……」

「あなたの妻アフロディテがアレスを家に連れ込んで、情事を繰り返していることをご存じですか？」

それを聞いたヘパイストスは顔をこわばらせてうつむきました。なぜなら、いつかそうなるのではないかと恐れていたことだったからです。

「いえ……気が付きませんでした」

「もしかすると、知らないままの方があなたは幸せだったかも知れません。でも、妻の不貞を知らず、仕事に励んでいるあなたのことを空高くから黙って見ていることができなかったのです」

ヘパイストスがうつむいたまま、「教えてくれてありがとうございます」と礼を言うと、ヘリオスは音も立てずに空高くへ戻っていきました。

ただでさえ歩みの遅いヘパイストスでしたが、その日の足取りはいつにもましてゆっくりになりました。そして、家に着いたときにはすっかり日が暮れていたため、ヘパイストスはそれより以前に何が起きていたのかをたしかめることができませんでした。

「ただいま」

と言ってヘパイストスが扉を開けると、一人でグラスを傾けていたアフロディテが、顔も向けずに冷たい声で「お帰りなさい」と答え、すぐさま立ちあがって寝室へ向かいました。

いつも通りの出迎え風景でしたが、ヘパイストスの対応はいつもとは違っていました。アフロディテのことを追って寝室へ立ち入ったのです。

シーツがひどく乱れているの見たヘパイストスは、ベッドを指先でそっと触れてみました。すると、つい先ほどまでふたつの肉体が存在した証《あかし》の温もりが感じられ、ヘリオスの言葉が事実なのだと思い知らされました。

「寝室に入らないでいただきたいわ！」

ベッドの横に立ち自分の指先を見つめるヘパイストスに対し、アフロディテは顔をこわばらせながら言いました。

「夫の私が自分の家の寝室に入ってなにが悪いのだ？」

普段は口答えなどしないヘパイストスがこう言ったので、アフロディテは驚きと怒りで顔を赤らめました。

「名目上は夫ですが、実際は他人同士。プライバシーを尊重していただきたいものですわ」

「では、私が不在中にお前がなにをしていようが、私に口出しをする権利はないということか？」

「その通りです。私が私の時間を使ってなにをしていようが、あなたには関係のないことです。さっ、ここから出ていってください！」

ヘパイストスは指先に残る不快な温もりを消し去るように、腕を振りながら踵《きびす》を返しました。そして、アフロディテの寝室から出てくると、夕食も摂らずにそのまま仕事部屋へこもりました。

その夜、ヘパイストスは一睡もしないである装置を作りあげました。それは、ヘラに贈った黄金の椅子に仕組んだのと同じように、透明な鎖で身体を拘束することができる装置でした。ヘパイストスは、これでアフロディテとアレスのことを懲《こ》らしめてやろうと考えたのです。

翌朝、アフロディテが風呂に入っているのをたしかめると、ヘパイストスはその装置を寝室に持ち込み、あの忌々《いまいま》しいベッドの周囲に張り巡らしました。張り巡らしたといっても装置は完全に透明だったため、ヘパイストス以外が目を凝らしてもなにも見えませんでした。

何事もなかったかのようにヘパイストスがテーブルにつき朝食を摂り始めると、風呂からあがったアフロディテが居間に入ってきました。彼女は薄い部屋着しか身につけていなかったため、豊かな胸と美しい曲線を描く腰が露わになっていました。

昨日までは、その姿を見るたびに「あの白い肌に顔を埋めたい」という熱い衝動に駆られたヘパイストスでしたが、その日は太ったブタの尻を見ているような滑稽《こっけい》さしか伝わってこず、アフロディテが顔を逸らすより先に視線を外しました。

好意を抱いていない相手ではありましたが、プライドの高いアフロディテは、自分より先にヘパイストスが視線を外したことに納得がいきませんでした。

「あら、機嫌がお悪いようね」

普段ならなにも言わずに寝室へ戻り、そこで朝食を摂るアフロディテでしたが、黙っていられなかったのです。

「いや、機嫌は悪くない。むしろ、よいくらいだ」

アフロディテに視線を向けないまま答えると、心の中で「これから何が起こるかを考えると、大声で笑いたいくらいだ」と付け加えました。

「あら、それはよかったこと」

醜い夫の気持ちをこれ以上探る必要はない、と切り替えたアフロディテは、いつものように冷たい表情を取り戻して寝室へ消えました。

しばらくして、ヘパイストスはいつも通り鍛冶の道具を入れた袋を背中に担いで出かけました。ドアを閉めながら「出かけてくる。今日は少し遅くなるだろう」と言いましたが、それに答えたのは召使いたちだけで、アフロディテの見送りはありませんでした。これもいつも通りの光景でしたが、ヘパイストスの気持ちだけはいつになく晴れやかでした。

家を出たヘパイストスでしたが、仕事へ行くわけではありませんでした。思い通りに動いてくれない脚を引きずりながら、彼は家の裏口へ向いました。そして、そっと裏木戸を開けると自分の家の裏庭へ忍び込み、茂みの中に隠れました。

言うまでもなく、ヘパイストスはアレスを待っていたのですが、彼があらわれるまでには何時間かかかるだろうと考えていました。「もしかするとアフロディテが私の態度に不信感を持って『今日は来るな』と言うかも知れない」とも思っていました。

ところが、実際にはヘパイストスが家を出てから十分も経たないうちに誰かが訪ねてきたようでした。しかもその人物は裏口ではなく、正面玄関から堂々と入ってきたではありませんか！

部屋の中をのぞき込むと、ドアが閉まりきらないうちにアフロディテと男が抱き合っているのが目に入りました。男の顔は見えませんでしたが、背は高く、全身が美しい筋肉で覆われていたため、アレスに違いありませんでした。

男の逞しい腕がアフロディテの背中と太ももに回り、彼女の身体を軽々と持ちあげました。そして、男は柔らかな胸にときおり顔を埋めながら、彼女の寝室へ入っていきました。

あまりの大胆さ、そして夫である自分が軽んじられているのを目の当たりにして、さすがのヘパイストスも激しい怒りを感じていました。しかし、怒りにまかせてこのまま剣を持って彼女の寝室へ飛び込んだところで、残虐さで知られる軍神アレスに敵うわけがありませんでした。そこで、ヘパイストスはこれから二人の身に起こることを考え、怒りが爆発しそうになるのを必至に我慢していました。

やがて、アフロディテの吐息と声が聞こえてきました。それは、ヘパイストスが一度も聞いたことのない甘く熱いものでした。次第にその吐息と声は大きくなっていき、ヘパイストスの怒りはさらに増していきました。彼の感情には怒りだけではなく、屈辱と羨望の感情も含まれていたため、筆舌に尽くしがたい苦痛でした。

「もうこれ以上我慢できない。返り討ちにあってもやむを得ないから、踏み込んでやる！」

もはや感情を抑えきれなくなったヘパイストスが立ちあがると、それと同時に男女の悲鳴が聞こえてきました。

「キャッ」

「ど、どうなっているんだ！」

ヘパイストスがアフロディテの寝室へ飛び込むと、彼女は一糸まとわぬ姿で浮気相手のアレスと抱き合ったまま動けなくなっていました。

「浮気者と間男《まおとこ》め、思い知るがいい！」

「なぜ、私がこのような辱《はずかし》めを受けなければならないのですか！　ヘパイストス、早く私のことを解放しなさい！」

アフロディテは顔をまっ赤にしながらこう言いましたが、ヘパイストスはニヤリと笑って「お前たちが辱めを受けるのはこれからだ」と答えただけでした。そして、彼は振り返ると大声をあげました。

「オリンポス山の神々よ、みなさんに二度と見られない滑稽なものをお見せしたいので、今すぐ参られい！」

　ヘパイストスの声はオリンポス山の果てまで届き、彼の家は瞬く間に神々で埋め尽くされました。ヘパイストスが神々を寝室に招き入れると、部屋は笑い声に包まれました。そして、それと一緒にあちこちからさまざまな声が飛び交いました。

「絶世の美女も、これでは形無しですな」
「まるで紐で縛った豚肉のようじゃありませんか」
「不誠実で知られるアレスにはお似合いの戒めだ」
「他人の妻に手を出した以上、このような辱めを受けてもなにも言えまい」
「できることなら、彫刻にして未来永劫残しておきたいですな」

　プライドの高いことで知られたアフロディテとアレスにとって、ほかの神々にこのような醜態を見られるのは我慢ならないことでした。しかし、我慢ならないといってもどうすることもできず、屈辱の時間が早く過ぎることを願う以外にはなにもできませんでした。

　ところで、この珍しい見世物の最中にアポロンがヘルメスに聞きました。
「キミはこんな目にあうかも知れないとわかっていても、アフロディテと浮気がしたいかい？」

すると女好きで知られるヘルメスは、

「もし、彼女と浮気できるなら、僕はもっと恥ずかしい目にあってもかまわないよ」

この答えを聞いた神々はアフロディテに、

「次はヘルメスと縛られてみてはいかがかな」と言い、また大笑いしました。

しかし、神々の中で一人だけ笑っていない者がいました。それは、自らも同じ装置で辱めをうけたうえに二人の結婚を許したヘラでした。

ヘパイストスは、こわばった表情のヘラに、

「母上、せっかく許していただいた結婚でしたが、アフロディテは私が汗水垂らして仕事をしている間に他の男をくわえ込み快感を貪るとんでもない女でした。このようなふしだらな女とは一秒たりとも一緒に暮らせませんので、どうか彼女のことをお引き取りください」

と言い、二人を解放してやりました。怒りよりも恥ずかしいという気持ちが強かったため、アレスは脱ぎ散らかした服を抱えると一目散に逃げていき、ヘラに駆け寄ったアフロディテは神々の笑いの渦に囲まれながら空に昇っていきました。

その後、ヘパイストスはポセイドンの仲介によって正式にアフロディテと離婚し、

アレスからはばく大な慰謝料を受け取りました。さらにアフロディテはクレタ島へ、アレスはトラキアに流され、ゼウスから謹慎を命じられました。

Episode

2

世界一の美女の座を得たアフロディテの物語

エーゲ海の深い水の底に
テティスという美しい女神が住んでいました。もちろん、ゼウスの耳にも彼女の美しさは伝わっていましたが、なぜか女好きで知られるゼウスも、彼女にだけは近づこうとしませんでした。
それは、テティスが産んだ子どもは父親よりも強くなるという運命を背負っていたからでした。つまり、ゼウスがテティスと交わって子どもができたとしたら、その子はゼウス以上の力を持つということです。もし、その子がゼウスに反旗を翻《ひるがえ》したら、最高神という現在の地位を奪われることは必至でした。たしかにテティスは美人でしたし、彼女を口説き落としたい衝動も感じていました。しかし、現在の地位を失うほどの価値はないとゼウスは冷静に判断していたのです。

しかし、それでもゼウスは安心できませんでした。なぜなら、ほかの神がテティスと交わって子どもができたとしても、その子はかなりの力を発揮することが予想されたからです。

さて、どうしたものだろうか。どうすれば、現在の地位を危うくせずにいられるだろうか……。

ゼウスはいろいろ考えた末に、テティスを人間の英雄と結婚させることにしました。たとえどんなに強い子が生まれたとしても、父親が人間なら自分には及ばないとわかっていたからです。こうしてゼウスがテティスの夫として選んだのは、プティア国の王で無双の戦士でもあるペレウスでした。

美しい女神と結婚できるのですから、ペレウスに異存はありませんでした。しかし、テティスは乗り気ではありませんでした。なぜなら、神々にとって人間は下の存在だったためです。そのため、テティスはペレウスに会おうともしませんでした。

そこで、ゼウスはペレウスに知恵を付けました。

「テティスの処女を奪ってしまうのだ。そうすれば、きっと彼女も観念するだろう」

「しかし……彼女が住んでいるのは海の底。人間の私には、近づくことすら叶いません」

「私が力を貸すから、寝室で待っていなさい」

するとその夜、テティスがペレウスのベッドの中にあらわれたではありませんか！

「こ、ここは……」と驚くテティス。

「私の寝室だよ」

そう言ってペレウスは、テティスの身体をそっと引き寄せました。

「いくらゼウス様の命とはいえ、人間と交わるなんてあり得ない。絶対、私の身体には触れさせないわ！」

ゼウスの仕業だと気付いたテティスは、ペレウスの太い腕に抱かれながら、火、ライオン、毒蛇、サメなど、人間が恐れるものに次々と姿を変えました。しかし、ペレウスはそのようなことくらいで動揺する小物ではありませんでした。テティスがどのような姿になっても強く抱き締め続け、細い舌を出し入れする毒蛇にも熱いキスをしたのです。

すると毒蛇は毒を放つのを忘れ、その力強いキスに酔いしれました。そして全身の力がゆっくり抜けていくのと同時に魔法も解け、テティスは本来の美しい女神の姿に戻りました。

ペレウスは腕の力を弱めると、ようやくあらわれた彼女のふくよかな胸に手を寄せました。テティスはその手を払おうとせず、ただ自分の白い手をそれに重ねただけでした。そして彼の抱擁に身をまかせ、はじめて女の快楽を知ったのでした。

こうしてテティスがペレウスの妻になることを承諾したため、ゼウスはすべての神々を招いて盛大なパーティーを催しました。

しかし、エリスという女神だけはこのパーティーに招かれていませんでした。それは、エリスが不和と争いを招く嫌われ者の女神だったためでした。ようやく、テティスに人間の英雄との結婚を承諾させたというのに、それを壊されたらたいへんだとゼウスは考えたのです。

「人間と女神の結婚パーティーなんて面白くもなんともないでしょうけれど、女神の中で私だけが呼ばれないというのは腹が立つわ。なんとかして、連中に仕返しをしてやらないと」

いろいろと考えた末、エリスは世界の西の果てにあるヘスペリデスの園まで行って、黄金のリンゴを採ってきました。そして、そのリンゴに「最も美しい女神へ差し上げます」というメッセージを付けてパーティー会場に投げ込んだのです。

ほとんどの女神たちは「自分がいちばん美しい」と思い込んでいましたから、すぐにリンゴの争奪戦が始まりました。

「私のものよ！」

「とんでもない！『最も美しい女神へ』と書いてあるのだから、私宛てに決まっているじゃないの！」

「なに言っているのよ、あなたたちより私の方がずっと美しいわ！」

それまでにこやかに談笑していた女神たちは、恐ろしい形相で罵《のの》り合いながら、相手のドレスを破ったり頬を打ってその黄金のリンゴを奪い合いました。

エリスの望み通りパーティーは大混乱になり、いつまで経っても収拾がつきそうにありませんでした。そこで、ゼウスが女神たちの隙を突いてその黄金のリンゴを奪い取りました。

「女神たちよ、落ち着け。そして、よく聞きたまえ！　この黄金のリンゴを与えられるのに相応しいと本当に思っている者は一歩前に出るがいい」

改めてゼウスにそう言われると、名乗り出にくくなるものですが、それでも三人の女神が一歩進み出ました。

それは、アフロディテとアテナ、そしてヘラの三人でした。しかも三人は、申し合わせたようにゼウスの前に踏み出した途端に薄いドレスをはらりと脱ぎ捨て、白い肌を露わにしたのです。

「うむ……」

すぐに決着をつけることができるだろうと考えていたゼウスは、三人の顔と裸体を見て、思わずうなってしまいました。

アフロディテは恋愛と美を司る女神だけあって、男なら誰でも顔を埋めたくなるような形のよい胸を掴みあげて誘っていましたし、アテナはゆっくりと回りながら、未熟だが張りのある胸の膨らみと引き締まったお尻を交互に見せつけました。そしてヘラは仰向けに寝て、いかにも柔らかそうな太ももを開き大人の女特有の匂い立つような魅力をまき散らしていました。しかも、アテナはゼウスの愛娘でしたし、ヘラは我が妻であり神々の女王でした。

誰を「最も美しい」と判断しても恨みが残るでしょうし、神々の信頼も失いかねないと考えたゼウスは、

「トロイア国の王子パリスに判断を下させる！」

と宣言し、その場を取り繕いました。

ゼウスが言った通り、パリスはトロイアの王子でした。しかし、生まれて間もなく妃ヘカベの命で山に捨てられていたため、トロイアの王宮にはいませんでした。そこで、探し物が得意なヘルメスがゼウスの命を受けてパリスを探すことになりました。ヘルメスが翼の付いたサンダルで空を駆けて探し回った結果、パリスはトロイア近くのイダ山の麓《ふもと》で、牛飼いとして育てられていることがわかりました。

次の瞬間、ヘルメスはパリスの目の前にあらわれました。

「私の名はヘルメス。全知全能の神ゼウス様の命によってやってきた」

神が突然目の前に降臨し、ゼウスの名を告げたのでパリスは跪《ひざまず》いて震えていました。

「な、なぜ私のような者の前に……」

「お前が、トロイアの王子だからだ」

「いいえ、それはなにかのお間違いでしょう。ご覧の通り、私はしがない牛飼いでございます」

「神に間違いなどあるわけがない。お前は紛れもなくトロイアの王子。幼い頃、事情があってこの山に捨てられたのだが、熊の乳を飲みながら生きながらえ、それを牛飼いが見つけて育ててくれたのだ」

「……それが真実だとして、ゼウス様が私に何をせよと仰《おっしゃ》るのでしょうか」

ヘルメスはパリスに向かって黄金のリンゴを差し出しながら、

「ゼウス様は三人の女神の中で、どなたがいちばんお美しいかを審判する役をお前に命じられたのだ。慎んでご命令をお受けし、最も美しいと思える女神にこのリンゴを差し上げなさい」

ヘルメスが言い終わるより早く、パリスの目の前にアフロディテ、アテナ、ヘラの三人の女神があらわれました。

三人の女神たちは黄金のリンゴを手に入れようと、パリスの前で再びドレスを脱ぎ捨てました。そして、当たり前のことのようにパリスを押し倒して、争うように唇を押しつけてきました。

今まで一度も女性の身体に触れたことのなかったパリスにとって、それは強すぎる刺激でした。誰かがパリスの下半身に触れるか触れないかのうちに、彼は果ててしまいました。

「あらっ、始まったばかりだというのに……」

とヘラが言い、アフロディテがガッカリした顔で、

「これじゃ、誰がいちばんか判断できないわね」

そしてアテナが提案しました。

「一夜に一人ずつパリスのベッドへ行き、心ゆくまで試していただくというのはいかがかしら」

「それは名案だわ」

と、二人の女神が頷《うなず》いたので、アテナはパリスに向かって悪戯《いたずら》っぽい目をしながら、

「今日はお疲れのようだから、明日の夜から一人ずつあなたのベッドへ行くわ。楽しみにしていてね」

と言いました。

「そんなこと、勝手に決められても……」

と、パリスが言おうとしたときには、三人の女神とヘルメスの姿はどこにもありませんでした。


翌日の夜、パリスが胸を高鳴らせながらベッドに入っていると、ヘラがあらわれました。三人の中でヘラは最も年上でしたが、神々は歳を取らなかったため、パリスにとっては美しい大人の女性にしか見えませんでした。

一対一で感じるヘラの身体は、昨日よりも柔らかでした。彼女に導かれるまま胸をそっと握ると、大きなパリスの手にも余るほど豊かで、まるで子羊に触れているような心地よさでした。

やがて、あまりのぎこちなさに我慢できなくなったヘラは、パリスの身体をベッドに押しつけ、覆い被さってきました。パリスの下半身が温かいものに包まれると、ヘラはむせび泣くような声をあげ、腰を振り始めました。

昨日よりも我慢できる時間は長くなりましたが、それでもヘラには充分ではありませんでした。息を切らしながら果てたパリスが目を開けると、物欲しそうな大きな瞳が彼のことを見つめていました。

「まだ許しませんよ」

こうして何度も果てた後、ヘラが耳元で囁《ささや》きました。

「もし、私のことを選んでくれたら、あなたのことを世界の王にしてあげましょう。ギリシャもマケドニアも、そしてインドもあなたのものよ。そして、あなたは大王と呼ばれることになるでしょう」

ヘルメスが目の前にあらわれる前なら、そんなことを言われても心に響かなかったでしょうが、自分がトロイアの王子だということを知った今、大王と呼ばれる未来はパリスにとって魅力的な話でした。

しかし、人間というのは欲深い生き物です。

「ヘラがこのような話を持ち出したのなら、他の二人はこれ以上の話を持ってくるに違いない。結論を出すのは、それを聞いてからでも遅くない」

そう考えたパリスは、なにも答えずにヘラを見送りました。


翌晩、パリスのベッドの中にあらわれたのはアテナでした。アテナは見るからに幼く、しかもゼウスの娘でした。パリスはそのことに躊躇しながら、アテナの薄いドレスを押さえている紐に手を掛けましたが、彼女は拒みませんでした。

まだ硬さの残る乳房に手を当て乳首をそっと噛むと、アテナは小さな悲鳴をあげました。

「痛かったですか？」

「……大丈夫、続けて」

「でも……」

「いいから続けなさい！」

「は、はい……」

長い時間かけて胸を愛撫した後、パリスは彼女に覆い被さりました。火照《ほて》りを帯びたアテナの太ももにパリスの身体の一部が当たると、彼女はそれを自分の中心に優しく導きました。

身体の先に熱い泉を感じたパリスはゆっくり腰を動かし始めました。ときおりアテナが苦しそうな表情で背中に手を回し爪を立てましたが、それでも動き続けました。

昨夜に優るとも劣らない快感に全身が震えましたが、その質は昨日のヘラのものとは似て非なるものでした。ヘラが与えてくれた快感が柔らかな肉から生じたものだとすると、アテナから得られた快感は硬く引き締まった肉によるものでした。

昨日、ヘラと熱い時間を過ごしたおかげでパリスは耐えることを知りました。おかげで、アテナは吹き出した汗で全身を濡らしていました。パリスがそんなアテナの身体を抱き締めていると、彼女が息を整えながら言葉を絞り出しました。

「私を選んでいただけるかしら?」

「……」

パリスが黙っていると、アテナがゆっくり言いました。

「私は戦争を司る女神よ。もし、私を選んでくださったら、どんな戦いにも勝てる無敵の武運をあなたに授けてあげましょう。この武運があれば、世界中の王があなたにひれ伏すことでしょう」

世界中の王がひれ伏すというのは、男にとってこのうえない魅力的な言葉でした。

しかし、パリスは、

「ありがとうございます。でも……もう少し考えさせてください」

と、明確な答えを避けました。

「答えを出すのは、もう一人の女神を味わってから……」

これが、パリスの本音だったのです。


最後の夜、パリスのベッドにあらわれたのはアフロディテでした。恋愛と美を司る女神だけあって、彼女の肉体的魅力には抗《あらが》えないものがありました。ヘラとアテナに精気を搾り取られていたにもかかわらず、パリスはアフロディテの身体にむしゃぶりつかずにはいられませんでした。

優しく身体をさするより先に胸をしっかりつかみ、首筋を強く吸い始めました。ときおりアフロディテは快感に身体をよじらせましたが、そのときにあらわれる皺《しわ》すら魅力的だったので、パリスは舌でなぞりました。

アフロディテの身体をベッドの上に押さえ込むようにしてじっくり眺めていると、彼女の頬が少しずつ紅潮するのがわかりました。それを見たパリスは驚きと興奮を隠せませんでした。

「今までたくさんの男神に抱かれてきたはずなのに、このアフロディテはなんという初々しさなのだろう……」

パリスは首筋に唇を近づけ、そこから耳にかけて彼女の肌を味わいました。豊満な胸をそっと絞り、乳首をつまむとアフロディテの息づかいは激しくなり、彼女は身体を緩やかにのけぞらせました。そして、彼女の白く柔らかな太ももを広げて、ゆっくり中へ入りました。

ヘラの熟れた魅力はねっとりと絡みつくようでした。アテナの青い身体には泉のような清らかさがありました。いずれの女神も甲乙つけがたい魅力を放っていましたが、アフロディテの身体から得られたのはそれをはるかに上回る快感でした。彼女との交わりは、本来は一点でしか行われていないにもかかわらず、まるで身体全体が溶けてしまうようでした。

なによりもパリスの心を引きつけたのは、彼女の反応でした。快楽という同じ言葉で語れないほど、男女の快楽の水準には大きな差がありました。言うまでもなく、男の快楽は女のそれとは比べものにならないほど薄いものでした。その薄さを補っていたのは、女が快楽に酔いしれる姿です。アフロディテは今までの二人より美しかったのと同時に、激しく乱れあられもない姿をパリスに見せつけました。その姿が彼の快楽をより高めてくれたのです。

果てしなく続く快感の合間に、アフロディテはぽってりとした唇をパリスの耳に近づけ、艶《なま》めかしい声でこう言いました。

「ヘラは国を与えると言ったのではありませんか。そして、アテナは戦場での名誉を与えると言ったはずです」

「えっ……」

ズバリ見抜かれたパリスは、なにか弁解をしようとしましたが、言葉が出てきませんでした。

「ふふふっ。やっぱり、そうでしたか。でも、よく考えてみなさい。たとえすべての戦いに勝利して全世界を支配することができたとしても、あなたのことを待っているのは孤独だけよ」

「そんなこと……」

「いいえ、今までたくさんの国が栄え、そして衰えるのを見てきた私が言っているのですから、間違いありません。王と呼ばれる者は、みな裏切りや暗殺に怯《おび》えながら生きていました。もちろん、王になれば毎夜違う女を抱くこともできるでしょう。でも、寝首を掻かれるのではないかという不安を拭《ぬぐ》いきれず、今日のような快楽を味わうことは二度とできないでしょう。しかし……」

「しかし……何ですか?」

「私にあの黄金のリンゴをくれるというのなら、あなたに無上の快楽を与えて差し上げましょう」

「えっ、あなたが妻になってくれるということですか?」

それを聞いたアフロディテは、また「ふふふっ」と笑い声をあげました。

「残念ながら、それはできないわ。あなたと交わるのは今夜かぎり。でも、人間の世界にも私に匹敵する快楽を与えてくれる美しい女がいます。もし、私を選んでくれたら、その女をお前の妻にしてあげましょう。そうすれば、今夜味わった快楽を

毎夜楽しむことができるのですよ」

アフロディテの身体にすっかり酔いしれていたパリスは、この魅力的な言葉に抗うことができず、ベッドの下に隠しておいた黄金のリンゴを彼女にあっさり差し出してしまいました。

その途端、アフロディテの姿は煙のように消え、ベッドの中には彼女の柔らかな髪の毛はおろか、温もりすら残っていませんでした。

アフロディテがオリンポス山へ戻ると、ヘラとアテナが待ち構えていました。

「パリスは誰を選びましたか？」

とアテナが聞くと、ヘラは自信をちらつかせて、

「私に決まっているでしょう」

と答えました。

そこでアフロディテは、柔らかなドレープの下から黄金のリンゴを取り出して二人に見せつけたのです。

「ご覧なさい。あなた方が美しいことは認めて差し上げますが、女の魅力という点では、まだまだ私には及ばないようですね」

腹を立てたアテナは瞬く間に姿を消し、ヘラは今まで見せたことのないような恐ろしい形相でこう言いました。

「私の身体をあれだけ貪っておきながら、アフロディテを選ぶなんて絶対に許せない。パリス、いや、彼の親兄弟たちも必ず惨めな破滅を遂げさせ、彼の審判がどれほど愚かなものだったかを思い知らせてやるわ」

もちろん、姿を消したアテナも同じ思いを持っていました。

こうしてパリスは、アフロディテを味方に付けるのと同時に、ヘラとアテナという恐るべき力を持つ二人の女神を敵に回すことになりました。

そして、ヘラとアテナが直接手を下したわけではありませんが、この二人の呪いはやがて実現することになります（Ｅｐｉｓｏｄｅ７参照）。

Episode

3

蜘蛛にされたアラクネの物語

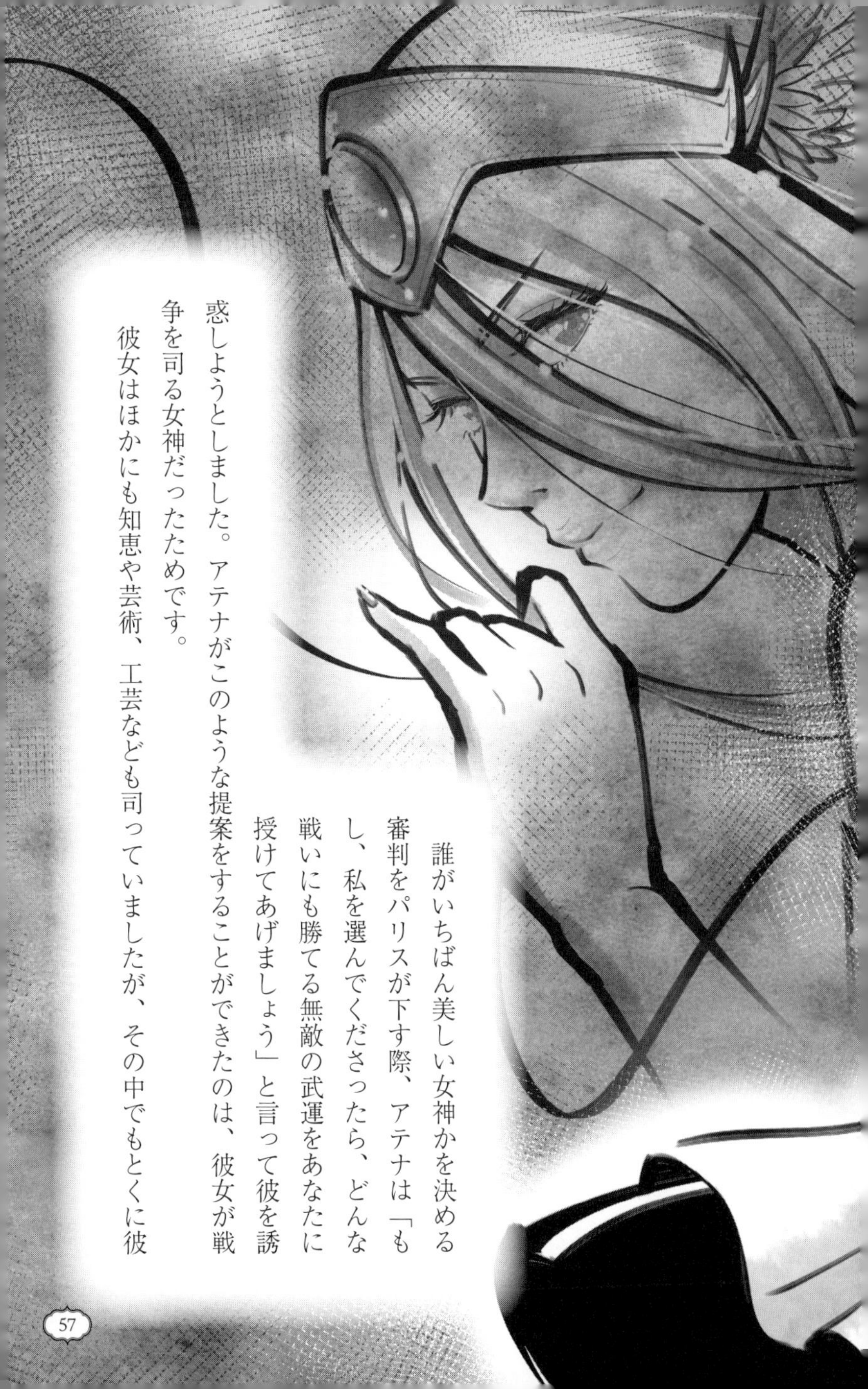

誰がいちばん美しい女神かを決める審判をパリスが下す際、アテナは「もし、私を選んでくださったら、どんな戦いにも勝てる無敵の武運をあなたに授けてあげましょう」と言って彼を誘惑しようとしました。アテナがこのような提案をすることができたのは、彼女が戦争を司る女神だったためです。

彼女はほかにも知恵や芸術、工芸なども司っていましたが、その中でもとくに彼女が気にかけていたのは機織《はたおり》でした。それは機織が女の仕事だったからです。

当時、女が就くことができる仕事はきわめてかぎられていました。ましてや、充分な生活費を稼ぐことができる仕事は、身体を売ることを除けばほとんど見当たりませんでした。そんな状況で、機織は女でも自立することができる貴重な仕事でした。そのため、アテナは機織をおろそかにしてはならないと考えたのです。

ところで、現在のトルコの西海岸に、かつてコロポンという町がありました。そこは機織がさかんな町で、女の子が生まれると、母親たちは幼い頃から布帛《ふはく》の織り方を教えるのが常でした。アラクネもそのような女の子の一人でしたが、彼女は桁外れに物覚えがよく、しかも織る布の絵柄を決める際に見せるセンスにも素晴らしいものがありました。

アラクネが年頃になると、彼女は最高の腕を持つ機織職人と言われるようになりました。彼女が織り出す布やタペストリーは繊細かつ美しい仕上がりで、

「まるで絵画のようではないか」

「布に織られている鳥や木々が、今にも動き出しそうだ」

などと絶賛されました。

アラクネの機織の腕は他国まで知れ渡り、やがて「彼女は機織の技術を、アテナ様から教わったのではないか」とまで囁かれるようになりました。

女神は神と同様、人知の及ばない高みの存在ですから、それは最上の褒め言葉でした。本来なら感謝や謙遜をすべきでしたが、幼い頃から褒められ慣れていたアラクネは、自ら「機織の天才」と思い込んでいたため、事もあろうに憤慨したのです。

「アテナから機織を教わったなんて、とんでもないわ！　だって、私の機織の技術は彼女より優れているのですよ。いくら女神とはいえ、劣っている者が優れている者を教えるなんていうことができるはずないじゃない」

アラクネのこの恐ろしい言動を耳にした周囲の者たちは驚き震え、彼女をなんとかたしなめようとしました。しかし、アラクネは聞く耳を持たず、ついにこう言い放ったのです。

「そんなに言うのなら、アテナを呼んでらっしゃい。彼女と機織の腕比べをしても、私は絶対に負けませんから」

この話は瞬く間に神々の住むオリンポス山まで届き、アテナの耳にも入りました。

神々はこの身の程知らずの小娘に激怒しました。

「アテナよ、あのようなことを言わせておいていいのか？」

「地獄の責め苦を負わせてやるべきだ」

「ゼウス様に頼み、雷で打ってしまえばいいのよ」

「あの小娘の目を潰し、指を使えなくし、二度と織り機を使えなくするというのはどうだろう」

どの神々も厳罰を口にしましたが、アテナはそのような厳しい罰を下すことに消極的でした。それは、彼女が機織という仕事に目をかけていたためでした。優れた機織手のアラクネの才能を奪ってしまうのは辛かったのです。そこでアテナは、アラクネに改心するチャンスを与えることにしました。

アテナは老婆の姿に化けて地上へ降り立ち、アラクネを訪ねました。ちょうど彼女はタペストリーを織っていました。

「誰だか知らないけど、仕事の邪魔だわ。早く出ていって！」

知らぬ間に部屋の中に老婆がいたのでアラクネは少し驚き、ぞんざいな口調で言いました。

「邪魔をして申し訳ありませんね。でも……ちょっとだけ手を休めて私の話を聞いていただけませんか？」

「無理よ！」

アラクネは顔を動かそうともしません。

「私は八十歳をとうに過ぎた年寄りです。あと何年、いや何カ月生きられるかわかりません。そんな年寄りを哀れだと思って、少しだけ手を止めて話を聞いていただくわけにはいきませんか」

さすがのアラクネも哀れになり、織り機を止め振り返りました。

「話って、なに？」

「噂によると、あなたはアテナ様よりも機織の腕がいいと言ったそうですね」

「ええ、そうよ。これを見ればわかるでしょ」

と、アテナは織りかけのタペストリーを手に取り、柄を老婆に示しました。たしかにそのタペストリーの仕上がりは、アテナが見ても惚れ惚れするほど素晴らしいものでした。

「たしかにお上手だと思いますよ。でも、あなたはアテナ様の織った布帛をごらんになったことがあるのですか?」

「いえ、ないわ。でも、たとえ女神であったとしても、これ以上のものを織れるとは思えないわ」

「見てもいないのに、下に見るのは間違っているのではありませんか。万が一、あなたの方が上手だったとしても、その腕前を下さったのは神ですよ。感謝の気持ちを忘れてはなりませんし、その神を蔑《ないがし》ろにすることも許されません。今ならまだ間に合いますから、アテナ様に無礼を謝ってはいかがでしょう」

「私は本当のことを言っただけなのに、なぜ私がアテナに謝らなければいけないの? そんなの嫌よ」

ここまで言っても、アラクネは頑《かたく》なでした。

「……では、どうしてもアテナ様より機織が上手だと言い張るのですか?」

「だから、言い張っているのではなく、本当のことを言っているだけよ。疑うなら、今すぐここへアテナを連れてきなさいよ。私の方が機織が上手だって証明してあげるわよ!」

なんとか穏便に済ませてやろうと思っていたアテナでしたが、アラクネがここま

で傲慢《ごうまん》だとそれも無理でした。ふつふつと怒りがこみあげてきたアテナは、

「それでは仕方がありませんね」

と言うと、アラクネの前で本来の姿を取り戻しました。腰の曲がったみすぼらしい姿の老婆が、突然、白く美しいドレスをまとった乙女の姿に変わったので、さすがのアラクネも驚いて腰を抜かしてしまいました。

「そこまであなたの方が上手だと言い張るのなら、望み通り機織の勝負をさせていただこうではありませんか」

「の……望むところですわ！」

と、アラクネは息を整えながら答えました。

一週間後、二人が織ったタペストリーが神々の前に並べられました。その出来映えはまさに甲乙つけがたく、神々の間からもため息が漏れるほどでした。しかし、織り込まれた絵柄をじっくり見るうちに、神々は怒り出しました。

アテナは自身がポセイドンとの勝負に勝ち、アテネの守護神に選ばれた物語を織り込んでいましたが、アラクネはゼウスが女神たちと繰り広げた浮気の様子を生々しく、そして馬鹿にして織り込んでいたのです。

たとえば、ゼウスがレダと交わった場面では、女が思いきり後ろに突き出した丸いお尻に、白鳥の腹から突き出した太く反り返った肉の剣が差し込まれていました し、フェニキュアの女王エウロペと交わった場面では、嫌がる女の背にまたがり交尾を果たす醜い牡牛の姿が描かれていました。そして、アンピトリュオンの妻アルクメネと交わった場面は、男が上で腰をけんめいに動かしているにもかかわらず、女はつまらなそうな表情を浮かべているように織られていました。

「小娘の分際で、ここまで神を侮辱するとは許しがたいぞ」

「アテナよ、この者に今すぐ罰を与えよ！」

「殺してしまえ！」

「お前が罰を与えないのなら、私たちがかわって思い知らせてやろう」

さすがにアテネも今回は同じ思いだったので、彼女が今までの行いを後悔するような魔法をかけました。すると、アラクネの姿と彼女がタペストリーの中に描いたゼウスを侮辱した柄が消えるとともに、その中に彼女があらわれたのです。しかも、彼女は素っ裸で足を大きく開いた姿で描かれていました。

神々は大喜びで、そのタペストリーをのぞき込みました。すると、タペストリーの中から、悲鳴に近い女の声が聞こえてきたではありませんか。

「止めて、見ないで！」

アラクネはタペストリーに生きたまま織り込まれていたのです。

しかし、そのような声をあげたところで柄が変わるわけではありませんでしたし、神々の好奇心をそそるだけでした。

「おぉ、細工が細かいおかげで、奥の奥までよく見えるではないか」

「ゆ、許してください……」

アラクネは涙声で哀願しましたが、神々はそれを無視してタペストリーに触れ始めました。

「茂みの一本一本まで浮き上がっていますぞ」

「こうしていると……おや、泉が湧き始めましたよ！」

ただ足を拘束されているだけなら、顔を覆って恥ずかしさを紛らわすこともできたでしょうが、タペストリーに織り込まれたアラクネは顔すら隠すことができませんでしたから、何が行われているのかをすべて目にしなければなりませんでした。

それがどんなに恥ずかしいことかは、アラクネ以外には理解できなかったでしょう。

「どうですか、自分の言ったことが不遜だったと認め、私と神々に対する感謝と尊敬を取り戻す気になりましたか？　もし悔い改めるなら、この辱めから解き放ってあげますよ」

と、アテナはタペストリーの中のアラクネに向かって聞きました。しかしアラクネは相変らず強気でした。

「なぜ、私がこのような辱めを受けなければならないのですか！　私の織ったタペストリーの方が出来がよかったからですか？　アテナよ、あなたは負けを認めたくないだけなのでしょう！」

アテナは呆れて、このタペストリーをコロポンの広場に飾りつけるよう命じました。アラクネの恥ずかしい姿は、それこそ絵画よりも鮮明に織られていたため、若い男たちはひっきりなしに広場へやってきて、好色な目でそのタペストリーをじっと見つめていました。

男たちにとって残念だったのは、アラクネの声が聞こえないことでした。タペストリーに織られた彼女の叫びを聞き取ることができたのは、神々だけでした。

しかし、男たちが何を語っているのか、すべてアラクネにはわかりました。

「アラクネって意外と毛深かったんだな」

「白いお尻にむしゃぶりつきたくなるよ」

「柔らかそうな胸だな……」

アラクネは耳を塞ぐこともできなかったため、その恥ずかしい言葉をすべて聞かざるを得ませんでした。


どんなに魅力的な見世物でもいつかは飽きるものです。一カ月も経つと、にやけた顔でタペストリーをのぞき込む町の若者はいなくなりました。アラクネは安堵しましたが、それは束の間のことでした。

「驚くほど艶めかしい柄のタペストリーがある」という噂を聞いた男たちが続々とコロポンを訪れ、アラクネの恥ずかしい姿を楽しみ始めたのです。

アラクネのタペストリーを目当てにコロポンにやってくる男の数は日に日に増えていきました。毎日毎日、無数の男たちに自分の秘部をじっと見つめられる苦しさに耐えきれなくなったアラクネは、ついにアテナに許しを乞いました。

「私が間違っておりました。このような恐るべき力を持つ神々に刃向かった私のことを、どうかお許しください」

アラクネの言葉が心からのものだと判断したアテナは、彼女のことをタペストリーから抜き出し、蜘蛛の姿に変身させました。

「こ、これが神の慈悲なのですか？　もしそうだとするなら、あまりにもひどいではありませんか！」

醜い蜘蛛の姿にされたことを知ったアラクネは、アテナに不満をぶつけました。

「その姿が不満だというなら、またタペストリーの中に戻ってもらいますよ。あなたは、永遠に自分の秘部を男たちに見られ続けたいというのですか。それよりも、あなたの天職である機織を続けた方がずっと幸せなはずです」

そう言われ、アラクネはハッとしました。そして、自らの身体から糸を紡いで機織を始めました。

ちなみに、ギリシャ語で蜘蛛のことをアラクネと言います。蜘蛛となったアラクネは、今も自らの身体から糸を生み出し、それにぶら下がってせっせと機織を続けているのです。

Episode

4

青銅の部屋に閉じこめられたダナエの物語

ペルセウスという星座の名前にもなっている英雄がギリシャにいます。彼は若い頃、育ての親であるポリュデクテス王に「妖怪ゴルゴン姉妹の首を取ってこい」と命じられたことがありました。ゴルゴンは見る者すべてを石にしてしまう恐ろしい姉妹の妖怪で、ポリュデクテス王はペルセウスを亡き者にしようとしてこの難業を押しつけたのでした。

しかし、ペルセウスはヘルメスとアテナの助けを借りてこの難業を達成。ゴルゴン姉妹の一人メドゥサの首を持ち帰り、この無理難題を押しつけたポリュデクテス王にそれを見せ、彼を石に変えてしまいました。

このようにペルセウスが二神の助けを借りることができたのは、彼の父が全能の神ゼウスだったからでした。

ペルセウスの母はダナエと言います。彼女はアルゴスの王アクリシオスが授かったはじめての子どもで、とても美しい娘でした。アクリシオスはダナエのことをたいへん可愛がりましたが、国を継がせるためには男子が必要でした。そこで、アクリシオスは毎晩のように妻のエウリュディケーと激しく交わり、第二子が授かるのを待ちました。

しかし、いくら交わり、そして長く中に居続けても、エウリュディケーが妊娠する様子はありませんでした。そうするうちに十五年が経ち、ダナエは結婚適齢期を迎えようとしていました。

もし、男子が生まれないのであれば、ダナエに婿を迎えて国を継がせるしかありません。しかし、そのためにはより厳しい審美眼を持って婿選びをしなければなりませんでした。当時

は、王位を譲った途端に態度を豹変させ、元国王を追放したり処刑する恐ろしい婿が少なくなかったからです。

「できれば、血の繋がった男子に国を継がせたいのだが、もはやそれは叶わないことなのだろうか……」

そう考えたアクリシオスは、デルポイへ行ってアポロン神に御神託をいただくことにしました。ところが、下されたご神託はアクリシオスにとってこのうえなく恐ろしいものでした。

「お前に息子は生まれない。男の孫は生まれるが、お前はその孫に殺されることになるだろう」

驚いたアクリシオスは、帰国すると信頼の置ける腹心二人にある準備をさせ、ダナエを呼び出しました。

「お父様がご無事でお帰りになり、喜ばしく思います」

「あ、あぁ……」

「お疲れですか？」

アクリシオスが目を合わせようとせずうつむいたままだったので、ダナエは心配そうでした。

「いや、大丈夫だ。それよりも……」

「はい」

「アポロン神のご神託によると……私が男子を授かることはないそうだ」

「そうですか……残念です」

ダナエもうつむきました。

「そこで、お前に話しておかなければならないことがある」

「……」

「やがてお前とお前の婿がこの国を治めることになる。そのときのために、見せておかなければならないものがあるのだ」

「それは……なんでしょうか」

「一緒についてきてくれ」

アクリシオスは立ちあがると、ダナエを鈍く輝く塔に導きました。彼女の後ろには例の腹心二人がついていました。

「こ、ここは……」

「その通り。反逆者たちを閉じ込めておくために造った青銅の塔だ。今までは近づくことを禁じていたが、王や女王になれば、そのような醜い場所のことも知っておく必要がある。さっ、中へ入ってみなさい」

鍵はあらかじめ開けておいたので、扉を軽く引くだけで青銅製の塔の入り口は開きました。

ダナエが恐る恐る塔の中へ入ると、すぐ後ろで「ガシャン！」という大きな音がしました。振り返るとアクリシオスが扉を閉め、側近たちが大きな鍵をかけるところでした。

「お父様、なにをなさるのですか！」

「ダナエよ、許してくれ。こうすることは、我がアルゴス国のためなのだ。どうか、許してくれ」

と、アクリシオスが涙声で言いましたが、閉じ込められたダナエにはまったく意味が理解できませんでした。

「なぜ、アルゴス国のために私がこの塔に閉じ込められなければいけないのですか？　もっと詳しく理由をお聞かせください！」

伝えたいのは山々でしたが、慕ってくれている我が子に対し「自分の命を守るためだ」とはとても言えず、アクリシオスはただ背中を向けるだけでした。

「許せ、ダナエ。もうなにも聞かないでくれ」

そう言い残すと、彼は腹心二人とともに王宮へ帰ってしまいました。塔の中からは、いつまでもダナエの泣き叫ぶ声が聞こえていました。

ゼウスは、この様子を苦々しい思いで天上界から見ていました。なぜなら、ダナエが大人の女になったら交ろうと考え、彼女の成長をずっと見守っていたからでした。そろそろ交われるだろうと思った矢先に、ダナエが青銅の塔に閉じ込められてしまったのですから、「もう少し早く下界に降りて交わっておけばよかった」と後悔することしきりでした。

しかし、このくらいで美しい女性との交わりを諦めるゼウスではありませんでした。彼は青銅の塔に忍び込むため、まず雨を降らせました。そして自らの身体を黄金の滴《しずく》に変え、降り注ぐ雨に紛れて塔へと忍び込んだのです。

黄金の滴がすべて流れ込むと、ゼウスは姿をあらわしました。薄暗い部屋の中を見回すと、粗末なベッドの上でダナエは毛布もかけずに眠っていました。

「ダナエよ」

と、ゼウスが声をかけても、泣き疲れたダナエが起きる様子はまったくありません。そこでゼウスは、ダナエの柔らかな胸にそっと触れてみました。しかし、やはり彼女は何の反応も見せませんでした。

次第に大胆になったゼウスは、ダナエの脚を撫で始めました。つま先から太ももへゆっくりなぞっていくと、ダナエがかすかに身体を動かして脚を開きました。それをいいことに、ゼウスは手を太ももの奥へと伸ばしました。指先にダナエの熱さと柔らかさを同時に感じると、ゼウスは衝動を抑えきれなくなりました。唇をあわせるとダナエの顎《あご》に手を添え、口を開かせて舌を流し込んだのです。

ダナエは少し苦しそうな声をあげましたが、まだ起きる様子がありません。そこでゼウスは、彼女のドレスを脱がし始めました。

ボタンをひとつずつ外していくと、まず露わになったのは硬い胸を守る真っ白なレースの下着でした。ゼウスはそれも外し、谷間に舌を這わせながら茂みを隠す下着をするりと脱がせました。

谷間を過ごした舌は臍《へそ》の上を通り、茂みへと伝っていきます。茂みの中が泉で溢れているのを舌先で確認すると、痙攣《けいれん》したように腰がベッドからわずかに浮かびあがりました。そしてそれと同時にダナエが声を出しました。

「なにが起きているの……。あっ、あなたは誰……」

眠っている女と交わるのも一興だと思い始めていたゼウスは、「いいから眠ってなさい」と言うと、彼女の顔に手をかざしました。すると、目覚め始めていたダナエの意識がまた遠のいていきました。

ゼウスはにんまりしながら服を脱ぎ捨てると、ダナエの両足を抱えてゆっくりと彼女のなかへ入っていきました。

男と交わることがはじめてだったダナエは、違和感と痛みに再び目を覚ましました。

「いっ、痛い。なにをなさるのですか！」

「お前のことをずっと見守っていたのだ。そして、この日が来るのを待っていた」

「えっ……どなたか存じませんが、お止めください」

ダナエは首を左右に振りながら脚をばたつかせ、交わりをほどこうとしました。

それでもゼウスは止めようとせず、力を込めて彼女の華奢《きゃしゃ》な身体を抱き締め、腰をゆっくりと動かし続けました。すると、次第に彼女の抵抗する力は衰えていき、意味にならない言葉を口から漏らし始めました。

「そうだ、そうして私に身をまかせればよいのだ」

「あっ、あなたはいったい……」

「私の名はゼウス。そう、あのゼウスだ」

その名を聞いたダナエは大いに驚き、再び交わりをほどこうと全身に力を入れました。しかし、やがて逃れられないことを受け入れると、全知全能の神に身を委ねることにしました。

たった一度の交わりでしたが、ダナエは妊娠しました。こうして月が満ちて生まれたのがペルセウスでした。

ダナエは子どもが生まれたことを秘密にしていましたが、泣き声が塔の外にまで響いたため、やがてアクリシオスに気付かれてしまいました。しかも、その子が男の子だったため、ダナエを愛する気持ちなどどこかへ吹き飛んでしまいました。そして、あとに残ったのは激怒と恐怖だけでした。

「このようなことが起きないよう、お前を幽閉していたというのに、いったいどういうことだ。その子の父親は誰だ！」

アクリシオスは恐る恐る青銅の塔へ行き、ダナエに詰問しました。

「ゼウス様が雨とともに訪れ、この子を授けてくださったのです」

「ふん、もっと上手な嘘をついたらどうだ。おおかた警備兵にでも手籠《てご》めにされたのだろうよ。そのような不浄な子を我が城に置いておくわけにはいかないぞ！」

アクリシオスは自らの命を奪おうとする者を抹殺するいい機会ができたと考え、ダナエとペルセウスを木箱に閉じ込めて海に流してしまいました。しかし、その木箱はセリポス島に流れ着き、二人はディクテュスという親切な漁師に救われ、彼の家で暮らし始めました。

実は、ディクテュスはセリポス島の王ポリュデクテスの弟でした。しかし、ポリュデクテス王の独占欲があまりにも強かったため、王宮から追放され猟師を営んでいたのです。

そのポリュデクテス王がダナエを見初めてしまい、執拗に迫るようになったのです。機会があればパーティーやイベントに招き、なんとかして彼女をモノにしようとしました。

しかし、望まないかたちでゼウスに処女を奪われた経験をしているダナエは、たとえ相手が王だとしても強引な男を受け入れる気持ちになれずにいました。そのため、「今夜は泊っていきなさい」「旅行へ行こう」などと誘われると、

「ペルセウスと過ごさなければなりませんので」

と言って断っていました。

しかしその結果、ポリュデクテス王はペルセウスへの嫌悪感を募らせることになり、彼に「ゴルゴン姉妹の首を取ってこい」と命じたのでした。

この難業を達成する際、ペルセウスは誰にも言えない恐ろしい、そして恥ずかしい経験をしていました。

実は、ゴルゴン姉妹の居場所を知っているのはグライアイという三姉妹だけでした。彼女たちは醜い老婆の姿をした妖怪で、歯と目をひとつずつしか持っていなかったため、三人で共有していました。

「ゴルゴンの居場所を教えてもらいたい」

アテナの助けを借りてグライアイたちが住む小屋を探り当てたペルセウスは、彼女たちの奇っ怪な姿に嫌悪しながら聞きました。すると彼女たちはこんなことを言ったのです。

「教えてもいいが、ひとつ条件があるよ」

「……その条件とは？」

警戒しながらペルセウスが聞くと、彼女たちがニヤリと笑いました。

「私たちと交わってほしいのさ。もう……五百年以上男に抱かれていないので、身体がうずいてしかたがないんだよ」

五百年前にこの化け物どもを抱いた男がいたことに驚くと同時に、その男と同じ〝おつとめ〟をさせられそうになっていることにペルセウスは恐れをなし、小屋から逃げ出そうとしました。

しかし、そのとき目を持っていたグライアイの長女パムプレードーがペルセウスの首筋にナイフを当て、「大人しくしなさいよ」と拘束しました。

そして、その目を受け取った次女エニューオーが彼の頬を打ち、そのまま押し倒

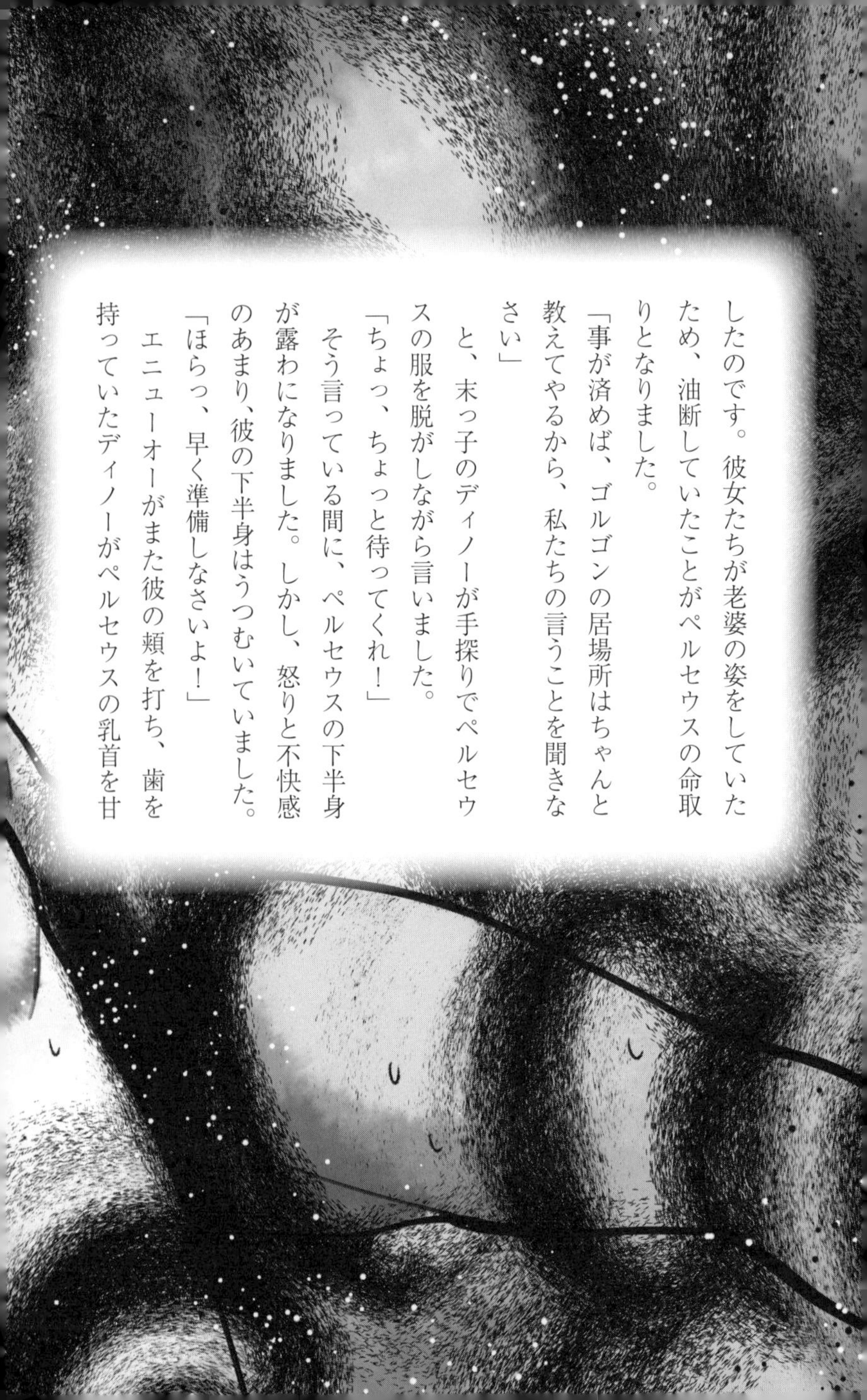

したのです。彼女たちが老婆の姿をしていたため、油断していたことがペルセウスの命取りとなりました。

「事が済めば、ゴルゴンの居場所はちゃんと教えてやるから、私たちの言うことを聞きなさい」

と、末っ子のディノーが手探りでペルセウスの服を脱がしながら言いました。

「ちょっ、ちょっと待ってくれ！」

そう言っている間に、ペルセウスの下半身が露わになりました。しかし、怒りと不快感のあまり、彼の下半身はうつむいていました。

「ほらっ、早く準備しなさいよ！」

エニューオーがまた彼の頬を打ち、歯を持っていたディノーがペルセウスの乳首を甘

す。

噛みし始めました。すると、気持ちに反して下半身が硬くなり始めてしまったので
手探りで彼の身体をまさぐっていたディノーの手がそれに触れ、上下に動かし始めました。自分の身体にもかかわらず、もはやペルセウスには制御することができなくなっていたので、自暴自棄になって醜い三姉妹に身を委ねることにしました。

「あら、大人しくなったじゃない。それに、ここもようやく準備ができたみたいね。じゃ、私が最初にいただくわ」

目を持っていたエニューオーは、小屋の中に雌の臭いをまき散らしながら服を脱ぎ捨て、乱暴にペルセウスの身体にまたがりました。

「いててててて……」

エニューオーの身体はペルセウスを受け入れる準備がまったくできていませんでした。それでも容赦なくねじ込もうとしたので、ペルセウスに激しい痛みが走りました。快感はまったく得られず、彼女が身体を上下に動かすたびに、まるでヤスリでこすられているような恐ろしい感覚が彼の下半身を襲い続けました。

「そろそろかわりなさいよ！」

パムプレードーはエニューオーから目を奪い取ると、彼女を引き倒しました。

「ちょっと！　まだ途中なのに……」

痛みから解放されてホッとしていると、こんどはパムプレードーがペルセウスのことを味わい始めました。

「どうだい、エニューオーより私の方がいいだろう」

と、パムプレードーは荒い息で言いながら腰を前後に振り続けました。ペルセウスはなにも答えませんでしたが、少なくともパムプレードーの泉は潤っていたため、苦痛はありませんでした。

いつまでもパムプレードーが腰を振り続けているので、ディノーが彼女の尻に噛みつきました。

「いい加減にしなさいよ。次は私の番よ！」

「わかったわよ。でも、目は渡さないからね」

「ふん、いいわよ。気持ちよさを味わうのに目なんかいらないもの」

ディノーはペルセウスの身体を手で探り、硬いものを見つけるとそれをガイドしてまたがりました。彼女の中心は泉というよりも沼のように淀み、絡みついてきました。それまで勝っていた不快感がその絡みつきによって次第に衰え、快感が頭をもたげ始めました。

ディノーも気持ちいいらしく、小さな声で「ふんふん」とも「はぁはぁ」とも聞こえる不思議なあえぎ声を漏らしていました。そして、二人が交わっている様子をパムプレードーがじっと見つめ、エニューオーが彼女の股間に伸ばした手をさかんに動かしていました。

ディノーの腰の動きは三姉妹の中で最も激しかったので、耐えきれなくなったペルセウスはついに果ててしまいました。身体の中に熱い液体が注ぎ込まれるのを感じたディノーは、満足そうな表情を浮かべました。

「もう少し長く味わいたかったけど、私で果ててくれたから許してあげるわ」

「私も久しぶりに男を味わうことができて、嬉しかったわ」

「またいつでもいらっしゃい。可愛がってあげるわよ」

三人は満足そうな表情を浮かべながらこう言い、長女のパムプレードーがペルセウスに紙切れを差し出しました。ペルセウスがズボンをはきながらその紙切れを受け取ると、いつの間に用意したのか、そこにはゴルゴンの隠れ家を示した地図が描かれていました。

「ほらっ、ここへ行けばゴルゴンに会えるわよ」

「でも……石にされるのがオチだから、止めた方がいいんじゃない？」

「もし石にされたら、持ち帰ってまた私たちの相手をさせてあげるわね」

三姉妹は好き勝手なことを言いながら、顔よりも奇っ怪な声で笑い合いました。

ペルセウスは地図をポケットにねじ込むと、逃げるようにグライアイたちが住む小屋を後にしました。

ちなみに、今でこそこのような醜い姿を晒していますが、グライアイはかつて美しい姉妹でした。アテナと美しさを競ったため彼女の怒りを買い、このような恐ろしい姿に変えられてしまったのでした。

たとえ昔は美しかったとしても、恐ろしい姿をした妖怪三姉妹に精気を吸い取られたということは、ペルセウスにとって屈辱以外のなにものでもありませんでした。ゴルゴンを倒すためにはやむを得ないことだったとはいえ、ペルセウスがこのことについて語ることは一度もありませんでした。それだけ彼が心に大きな傷を負っていたということでしょう。

Episode

5

酒池肉林のアキレウスの物語

アキレウスは女神テティスと人間の英雄ペレウスとの間に生まれた子でした。そのため不死身ではなく、母よりも早く死ぬ運命が定められていました。しかし、母にとってそれはとうていい納得のいかないことだったため、テティスは我が子アキレウスを不

でした。

死身にしようとしました。そのためにはおぞましい作業を行わなければなりません

実は、神々が不死身でいられたのはアンブロシアという特別な食べ物を食べているためでした。アキレウスを不死身にするためには、このアンブロシアを全身にすり込んだ後、肉体を燃やさなければなりませんでした。こうすることによって、人間のか弱い肉体が神々と同じ永遠の肉体に生まれ変わるのです。

しかし、身体を焼かれるのですから、この作業にはひどい苦痛がともないました。アキレウスは生まれたときから根性が据わっていて滅多に泣かない子どもでしたが、さすがに身体を焼かれるときには大きな悲鳴をあげました。

そこでテティスは、みんなが寝静まったのをたしかめてからアキレウスを抱いて地下室へ行き、そこで火を焚いて彼の身体を焼くという作業を毎夜続けていました。

「さっ、アキレウス、行くわよ」

その夜も、テティスはベビーベッドの中でスヤスヤと寝ているアキレウスを抱きかかえて地下室へ下りていきました。

テティスはこのおぞましい作業を誰にも悟られないまま十一日間続け、あとは踵《かかと》

を焼けば全身が不死になるというところまでこぎ着けていました。

ところが、そんな重要な最後の夜にかぎって予期せぬことが起きました。ペレウスに、アキレウスの脚を焼こうとしているところを見られてしまったのです。

「テティス、なんていうことをするんだ。止めろ、止めるんだ！」

アキレウスのことを焼き殺そうとしていると勘違いしたペレウスは、驚いて剣を抜き、テティスの喉元に突きつけました。

「ち、違うんです。これはアキレウスの……」

テティスは必死に弁解しようとしましたが、ペレウスはそれを聞こうとせず、

「いいからアキレウスをこちらへよこすのだ！」

と言いました。

テティスが悲しい顔でアキレウスをペレウスに差し出すと、彼は我が子を片手に抱いて言いました。

「我が子を火にくべようとするとは、獣にも劣る行為ではないか。お前の顔など二度と見たくない。今すぐここを出ていけ！」

我が子のことを思ってやったにもかかわらず、それをペレウスに理解してもらえ

なかったテティスは大粒の涙を流しなら屋敷を飛び出し、海の底にいる家族のもとへ帰ってしまいました。こうして、アキレウスの身体の中で唯一、踵が弱点となってしまったのでした。

その後、アキレウスはケイロンという半人半馬の姿を持つケンタウロスに預けられました。ケイロンは教育係として高い評価を得ており、おかげでアキレウスは文武両道の英雄に育ちましたが、それ以外にもケイロンから学んだことがありました。それは、色道でした。

ケイロンは賢人でしたが、もともとケンタウロスは好色な一族で、もちろん彼にもその血は流れていました。しかも、英雄は女に対しても強くなければならなかったため、ケイロンは町からたびたび娼婦を呼んでアキレウスに性の快楽と女の喜ばせ方を伝授したのです。

アキレウスが一人前の英雄になった頃、全能の神ゼウスは「増えすぎた人間の数を減らさなければならない」と考えていました。そして、そのためにトロイア戦争を起こす計画を練っていました。この戦いで人類の大半が死ぬことになっていましたが、残念ながらアキレウスも戦死者の一人に数えられていました。

　そのことを神託で知ったテティスは再び深い海から飛び出し、アキレウスの目の前にあらわれました。物心ついた頃にはすでに母テティスは家にいなかったので、アキレウスには目の前にあらわれた美しい女性が誰なのかわかりませんでした。

「ど、どなたですか」

「アキレウスよ、私はあなたの母テティスです」

　母に再会できるとは思っていなかったアキレウスは目を輝かせましたが、その輝きには性的な興奮も含まれていました。それほどまでにテティスは美しく、そして彼女がまとっている衣服は薄かったのです。

「本当に私の母上なのですか？　それにしては、あまりにもあなたは若く美しすぎるのですが……」

　その頃のアキレウスはすでに美しい若者に成長していたため、このような言葉をかけられたテティスはパッと頬を赤らめてしまいました。

「アキレウス、私が老いないのは女神だからです。私は、あなたにもこの不死身の肉体を授けたかったのですが、ペレウスに阻まれて果たすことができませんでした。

そのことを、私は今も心から悔いています」

「悔いるなんて、とんでもない！　私は、今の肉体で満足しております」

「しかし……、いつかあなたは私を残して死んでしまうのですよ」

と、テティスは悲しい表情を浮かべましたが、アキレウスは、

「英雄として生まれて来た以上、死は恐れておりません」

と胸を張りました。

「そんなこと言わないでください。あなたは英雄の前に私の息子なのです。息子の死を喜ぶ母がどこにいるでしょうか」

テティスはさらに悲しみを募らせ、大きな瞳から涙を滴《したた》らせました。その姿があまりにも弱々しかったので、アキレウスはテティスの身体を抱き締めました。彼女の身体が冷たく小刻みに震えていたので、アキレウスは背中に回した両腕にさらに力を込めました。

味わった覚えのない乳房の柔らかな感触がアキレウスの硬い胸板に伝わり、身体の中心から熱い血が沸き立ってくるのを感じました。母だとはわかっていましたが、それでもアキレウスは衝動を抑えきれませんでした。彼は右手でテティスの顎を押

しあげ、あらわになった薄い唇に自分の唇を重ねました。

いけないこととはわかっていましたが、アキレウスの力にも魅力にも抗うことができず、テティスはただ身体をこわばらせていました。

アキレウスとの柔らかく熱い口づけは、いつまでも味わっていたいほど魅力的でした。しかし、テティスには伝えなければならないことがありました。テティスはありったけの力を込めてアキレウスの腕から逃れると、震える声で言いました。

「ひとつだけ……ひとつだけでいいから私の願いを聞いてちょうだい」

娼婦相手に色道を究めたつもりだったアキレウスでしたが、このような甘い唇は味わったことがありませんでした。その唇を味わった今、アキレウスにとってテティスは母である前に愛する女となったのです。その女に「お願いを聞いて」と言われたのですから、聞かないわけにはいきませんでした。

「あなたのお願いなら、なんでも聞きましょう」

テティスは、息と火照った身体を落ち着かせながら言いました。

「これから大きな戦争が始まりますが、絶対それに参加しないでほしいのです」

「そのような大きな戦争が起きたら、必ず私に声が掛かるはずです。私は勇者です。

手助けを求められたら、それを拒むわけにはいきません」

「わかっています。だから、あなたのことをこれからスキュロスという島へ連れていくつもりです。スキュロス島を治めているリュコメデス王に匿《かくま》ってもらうのです。手助けを求められなければ、戦場へ赴く必要もないはずです」

「しかし……」

「あなたは、私の願いならなんでも聞いてくれると仰ったではありませんか！」

敵前逃亡をするようで気が進みませんでしたが、テティスの言う通り「なんでも聞く」と言ったのも事実でした。そこでしかたなく、アキレウスはかすかに頷きました。

「では、早速参りましょう」

テティスがアキレウスに触れると、不思議なことに二人の身体は蝶のようにふわりと浮きあがったではありませんか。

「ちょっと待ってください！」

地面の感覚を失った足をばたつかせながら、アキレウスは言いました。

「恐ろしくなりましたか？」

と、テティスは慈《いつく》しみのある笑みを浮かべアキレウスの顔をのぞき込みました。

「いいえ、そうではありません。私はただ、戦いが終わった後もあなたにまた会えるのかどうかを知りたかったのです」

「……」

　戦いの後、この世に何が起きるのかはテティスもまだ神託を受けていなかったため、なにも答えられませんでした。

「もし、これが最後の機会なら、もう一度、あなたの唇を味わわせていただきたいのです」

「で、でも……」

　テティスは続けようとしましたが、アキレウスが唇を押しつけてきたため、言葉は失われました。

「唇だけだから……」

　と、テティスは自らを納得させアキレウスに身を委ねましたが、若い勇者の欲望はとどまるところを知りませんでした。彼の唇はテティスの首筋を撫でると、ドレープにわずかに隠された柔らかな胸まで下がっていきました。テティスは驚いてもがきましたが、アキレウスの逞しい力には抗えませんでした。こうして二人は漂いながら、ひとつになったのでした。

テティスとアキレウスの火照った身体はスキュロス島まで飛ぶうちに冷やされていたため、リュコメデス王に謁見したときには、親子のタブーを犯したことは悟られずに済みました。

リュコメデス王は「これから起こる恐ろしい戦争に参加させないよう、アキレウスを匿ってほしい」というテティスの願いを快く受け入れましたが、奇妙なことを言い出してアキレウスのことを驚かせました。彼は、女物の衣装とカツラを側近に持ってこさせると、

「この服とカツラを身につけなさい」

と言ったのです。

からかわれたとしか思えなかったため、アキレウスはこわばった声で、

「なぜ、私がこのような辱めを受けなければならないのでしょう」

と言い、王に詰め寄りました。

「落ち着きなさい、アキレウス殿。誰もあなたのことを辱めようなどとは思っておりません。これは、あなたが身を隠すための最善策なのです」

アキレウスの興奮が多少鎮まったので、王は続けました。

「あなたほどの卓越した勇者なら、戦争が起きたら必ず参戦を求められるはずです。しかし、姿が見えなければ求めようがありません。だから、あなたに女装をさせ、私の娘たちと一緒に後宮で過ごしていただくのです。女どもに囲まれた生活は煩わしいでしょうが、それもすべてあなたとテティス様のため。どうか、しばらくの間我慢をなさってください」

アキレウスはようやく納得して女物の衣装とカツラを身につけました。もともと美男子だったアキレウスは女装をしてもあまり違和感がなく、化粧をした姿は母テティスを彷彿《ほうふつ》とさせる美しさでした。そのため、アキレウスが後宮でリュコメデス王の娘たちと暮らし始めてからも彼が男だということに気付く者はおらず、「赤い髪の娘」または「赤髪」と呼ばれるようになりました。

リュコメデス王には三人の娘がいました。彼女たちは大切に育てられたが故に、男性経験がありませんでした。しかし、女性であっても成長するにつれ異性と交わることに強い興味を持つのは当然のことです。とくに十八歳になり、すっかり大人の身体となったデイダメイアの性に対する興味は日々強くなっていました。

そんなときに後宮へやってきたのが、娘に化けたアキレウスでした。

「外の世界からやってきた彼女なら、私の知らないことをいろいろと教えてくれるはずだわ」

デイダメイアはそう思い、積極的に彼女と親しくなりました。そして、アキレウスに「ふしだらな娘」と思われないよう、少しずつ性についての疑問を投げかけるようになりました。二人の距離が近づいていくに従い、デイダメイアは本来なら口に出すことすら許されないことまで聞くようになっていきました。

「ねえ赤髪さん、あなたはキスしたことある？」

「もちろん、あるわよ」

「どんな味だった？」

「う〜ん、相手によって違うけど、最高のキスは甘い香りがするのよ」

アキレウスは、テティスと交わしたキスのことを思い出しながら答えました。

「甘い香り……、本当かしら？」

デイダメイアの納得いかない顔が、アキレウスの悪戯心を刺激しました。そして、「キス、してみる?」と問いかけました。

「えっ、あなたと! だって……女同士じゃない」

デイダメイアは驚いて聞き返しましたが、瞳の中に興味津々の熱い炎が灯《とも》っているのをアキレウスは見逃しませんでした。そこでなにも言わずに、自分の唇をデイダメイアの唇に重ねました。

最初、デイダメイアは目をまん丸に見開いていましたが、すぐにその目を閉じ、うっとりとした表情を浮かべました。

「たしかに甘いわ……」。そう感じながら、デイダメイアは気を失ってしまいました。しばらくして目が覚めると、デイダメイアはアキレウスのベッドに寝かされていました。

「……私……どうしたのかしら……」

「私とキスしたら気絶しちゃったのよ。だから、もう少し横になってなさい」

アキレウスは起きあがろうとしたデイダメイアの両肩をそっと押さえ、再び寝かせました。

そのとき、デイダメイアは自分の身体が信じられないほど敏感になっていることに気が付きました。アキレウスの手が肩に乗せられただけで身体が火照り、泉が湧き出すのを感じたのです。

「ねえ、もっとキスしてみない？」

とアキレウスが耳元で囁くと、デイダメイアは目をつむり苦悶の表情を浮かべました。しかし、彼女を襲っていたのは苦しみではなく、快感でした。そのことはアキレウスにもわかっていたので、デイダメイアの答えも聞かずに唇を重ね、舌を絡めました。すべてがはじめての経験でしたが、デイダメイアの身体は自然に反応し、アキレウスにも快楽を与えていました。

「女同士でこんなに心地よいなら、男性と交わったときにはどれほどの快感が得られるのかしら……」

デイダメイアがこんなふしだらなことを考えていると、アキレウスが彼女の手を下に導きました。デイダメイアが無意識にまさぐると、熱く硬いなにかが指先に触れました。

「あっ！」

正体はわかりませんでしたが、その〝なにか〟に触れた途端、胸の鼓動が激しくなり、泉が激しく溢れ出しました。

「あ、赤髪さん……」

「これからは、私のことをアキレウスと呼んでください」

それは、今までに聞いたことのない太い声でした。驚いて目を開くと、目の前に短髪の美男子の顔があるではないですか！

「あ、あなたは誰？」

「〝赤髪〟と呼ばれていた者です。でも、それは世を忍ぶ仮の姿。本当の名前はアキレウスと申します」

そう言うと、アキレウスはデイダメイアの服に手を掛けました。抵抗されるだろうと思っていましたが、デイダメイアはじっとしていました。アキレウスは彼女を生まれたままの姿にすると、身体を重ねました。すると、デイダメイアが脚を絡めてくるのを感じました。

「女同士もいいものでしょう」とアキレウスはデイダメイアの耳元で囁き、二人は一晩中深い交わりを続けました。

翌日のデイダメイアは、いつにもまして輝いて見えました。というよりは、艶やかな表情を浮かべていました。最初にそれに気付いたのは、次女のアナトリアでした。

「お姉様、なにかいいことでもおありになったのですか？」

「いえ、なにもありませんよ」

しかし、女の勘というのは鋭いものです。アナトリアは引き下がろうとしませんでした。

「水くさいですわ、正直に仰って」

「だから、正直に申しているじゃないですか。なにもありませんよ」

「いえ、絶対に嘘ですわ！　お姉様、なにか隠してらっしゃる」

「そんなことはありません」

こんな問答がいつまでも繰り返された結果、先に根負けしたのはデイダメイアの方でした。とはいうものの、自分の口から真実を語るわけにはいかなかったので、

「そんなにお知りになりたいのなら、アキ……ではなく、赤髪さんに聞いてみなさ

い。きっと、満足のいく答えをくださるはずよ」

デイダメイアの言葉の中に、なんともいえない秘密の匂いを感じ取ったアナトリアは、その足で赤髪の部屋を訪ねました。

「あら、アナトリア様。いかがなさったの？」

アキレウスはカツラに櫛を通しながら問いかけました。するとアナトリアは、好奇心と羞恥心が混ざったようなはにかんだ顔で口を開きました。

「お姉様が、なにか秘密になさっているの。問い詰めたら『あなたに聞いて』と仰ったので……」

「あなたは、どんな秘密だと思うの？」

「……悪いことではないと思うわ」

「なぜ、そう思うの？」

「だってお姉様ったら、すごく幸せそうな顔をしているんですもの。だから私も、同じような幸せを感じたいな、って思ったの」

アキレウスは立ちあがると部屋のドアを閉め、ベッドカバーに手をやりました。

「本当に感じたい？」

アナトリアは激しい動悸を感じながら、「ええ、感じたいわ」と答えました。

ベッドが露わになり、女性とは思えない強い力でアナトリアはアキレウスに引き寄せられました。

「心ゆくまで快楽を味わいなさい」

と、男の声が耳元で囁きました。

その日、アナトリアとアキレウスは昼食に顔を出しませんでした。三女のハルキュオネは心配そうにしていましたが、デイダメイアは、

「どこかへ遊びにいったのよ。お夕食までには戻るでしょう」

と、取り合いませんでした。

昼食を済ませた後、ハルキュオネが中庭で日光浴をしていると、アナトリアがアキレウスの部屋から出てきました。

「お姉様！」と声を掛けようとしましたが、アナトリアの様子があまりにも普段と違うので躊躇しました。彼女はぼんやりと空を見つめ、まるで雲の上を歩いているような危うい足取りでした。

やがてアナトリアは自室に消えましたが、ハルキュオネは彼女の身の上に何が起

きたのか知りたくてたまりませんでした。そこで、忍び足でアキレウスの部屋へ近づき、ドアを開けて中をのぞき込みました。彼女の目に映ったのは、見知らぬ若い男が素っ裸で乱れたベッドを直しているところでした。

「あ、あなたは誰なの？」

驚いたハルキュオネが思わず声を掛けると、その男が振り返りました。はじめて男性の裸を見たハルキュオネは顔をまっ赤にしましたが、好奇心は抑えることができず、ある一点を見つめていました。

「これはこれは、ハルキュオネ様。私は〝赤髪〟でございますよ」

視線を感じたアキレウスが、少しおどけて化粧台の上に置きっぱなしになっていたカツラで男性を隠しました。

「で、では、あなたは……」

「その通り、私はアキレウスという男性です。今まで女装をしてみなさんのことを欺いておりました。お許しください」

カツラはそのままで、アキレウスは頭を下げました。そのかっこうがあまりにも滑稽だったので、もう少しでハルキュオネは吹き出すところでした。しかし、なんとかこらえて問いただしました。

「アナトリア様に何をしたの？」

「快楽を味わっていただきました」

「快楽？　それは、どのようなものですか？」

「口で説明するのではなく、あなた様の身体を使ってご説明いたしましょう」

アキレウスは優しい笑みを浮かべながらそう言うと、ハルキュオネのことをそっとベッドに押し倒しました。


翌日からアキレウスが一人で床につくことはなくなりました。ある日はデイダメイアと、次の日はアナトリアと、そしてその次の日はハルキュオネとともに眠りました。さらに気が向けば、四人そろってベッドに入り朝まで快楽を貪ることもありました。まさに男冥利《みょうり》に尽きる日々が続きましたが、それはある商人の訪れとともに終わりを告げました。

その商人は、今までに見たことのないような美しい装飾品を山のように持ってスキュロス島へやってきました。その噂は王宮にも間もなく伝わり、商人は後宮へ招かれることになりました。

商人は身の丈ほどもある大きな籠の中から次々に商品を取り出し、王女たちの前に敷いた絨毯の前に並べていきました。指輪、ブレスレット、ネックレス、毛皮……並べられたのはほとんどが装飾品でしたが、なぜかその中に剣や弓矢、兜《かぶと》などの武器も置かれていました。

「ささっ、どうぞ手に取ってゆっくりご覧ください」

三人の王女たちは装飾品に手を伸ばしましたが、アキレウスだけは勇者の血が騒いで剣を手に取ってしまいました。商人はそれを見逃さず、彼の手をしっかり掴んでこう言いました。

「装飾品ではなく武器を選んだのは、あなたがアキレウス様であることの証。どうか、正体をお見せください」

商人はイタカ島の王で英雄として知られるオデュッセウスの仮の姿で、彼は世界中を巡ってアキレウスのことを探していたのです。

もはや隠れ続けることはできないと観念したアキレウスは、赤毛のカツラを脱ぎ捨てました。

「仰るとおり、私はアキレウスです」

それを聞いたオデュッセウスは腰に付けていたラッパを吹き鳴らし、アキレウス発見をギリシャ中に知らせました。そして、アキレウスに向かってこう言ったのです。

「今、トロイアで激しい戦が行われており、ギリシャ軍は苦戦しております。この厳しい状況を打開するため、勇者の中の勇者であるアキレウス様の力をお借りしたいのです」

戦争に参加しないでほしいというテティスの願いを忘れたわけではありませんでしたが、いったん助成を求められたら断れないことは彼女にも告げてありました。それが勇者に課せられた定めだったのです。アキレウスはしっかり頷くと、すぐさま女物のドレスを脱ぎ捨て、装飾品の間に並べられていた武具を身にまといました。

こうして、アキレウスと三人の王女たちの蜜月は終わりを告げたのでした。

Episode

6

白鳥に化けたゼウスとレダの物語

ギリシャ半島にスパルタという国がありました。その国の王はテュンダレオースといい、彼はレダという絶世の美女を娶《めと》っていました。

レダは貞節な女でしたが、その美しさ故にテュンダレオースは彼女がいつか浮気をするのではないかと気が気でなかったのでした。その心配を助長したのは、ある夜見た夢でした。その夢の中でレダは屈強な男に抱かれ、テュンダレオースが聞いたことのないような喜びの声をあげていたのです。

夢だということはわかっていましたが、そ

れ以降、テュンダレオースの悋気《りんき》はますます強くなり、レダが外出する際には護衛と称して腹心の部下を同行させ、帰宅後に一部始終を報告させるようになりました。

しかし、それでもテュンダレオースは安心できません。あるときなどは、報告の最中に部下が笑みを浮かべたという理由だけで、

「貴様、我が妻を誘惑しようとしたな！」

と激怒し、その部下の首をはねてしまいました。

部下すら信頼できなくなったテュンダレオースは、レダの外出を一切許さなくなりました。

「なぜ、私の外出を禁じるのですか？」

レダは、テュンダレオースに問いただしました。

「お前が私以外の男に会おうとするからだ」

「それは、私が浮気をしているということですか？」

「いや、浮気をしているとは言っていない。するかも知れないことを私は危惧《きぐ》しているのだ」

「と、とんでもないです！」

驚いたレダは、涙を浮かべながら訴えました。

「私は、あなたの妻なのですよ。そのような考えを持ったことなど一度もありませんし、これからもないでしょう。それをなぜ、信じていただけないのでしょうか」

「信じていないわけではない。お前にその気がなくても、男の方が放っておかないはずだ。私の部下のようにな」

「ですから、あのときも申し上げたはずです。それは、あなたさまの誤解だと。あの者は、私に一言も口をきかなかったのですよ。それなのに、どうして私のことを誘惑できるというのでしょう」

テュンダレオースはレダから視線を外すと、吐き捨てるように言いました。

「……とにかく、外出は禁止だ！　お前は当分の間、王宮内に留まっていなさい。これは王の命令だ」

たとえ妻とはいえ、王の命に背くことはできませんでしたから、その日からレダは囚われ者のように王宮内だけで生活することになりました。


その夜、テュンダレオースがレダの寝室を訪れました。外出禁止にされた不満から、レダはベッドで背中を向けていました。

しかし、そのくらいのことで引き下がるテュンダレオースではありませんでした。彼はレダの身体を強引に開きました。

「今日はいや！」

レダは腕を縮め身体を硬くしましたが、テュンダレオースは彼女の顎を押さえ強引に唇を奪いました。

「いやだと言っているではありませんか！」

その言葉に、テュンダレオースの悋気がまた首をもたげました。

「そんなに嫌がるということは、やはり外で私以外の男と会っていたのか？」

「そんなことはないと何度も申し上げているではありませんか！　私はただ、自由を束縛

されたことが許せないのです」

「お前の自由を束縛したつもりはない。私はなによりも大切なお前を守っているだけだ。だから……」

そう言いながら、テュンダレオースはレダの身体を申し訳程度に隠していたレースに手を掛けました。

「お、お待ちください……」

止めてほしいという強い言葉を口にしなかったのは、レダの頭の中で、テュンダレオースに抱かれたくないという女の気持ちと、それを拒めばますます彼の疑念を抱くことになるという冷静な判断力が交錯していたからでした。

それはテュンダレオースにもわかっていて、本来は妻が示すことのないその抗いが、彼女を抱きたいという気持ちにより激しい火を点けていました。

「いや、待てない。お前が欲しいのだ」

そう言って、テュンダレオースは彼女がまとっていたレースをすべて取り払いました。丸い柔らかそうな乳房と、金色に輝く茂みが露わになりましたが、まだレダは身体をよじって拒み続けました。

「本当に……」

と言いながらも、レダはもう逃れられないと悟っていました。

「お前を誰にも奪われたくないのだ」

テュンダレオースは、腕の中で骨がきしむほどレダのことを強く抱き締めながら言いました。

「ですから、私にはあなた様しか……」

それ以上は息が続かず、言葉になりませんでした。

「ほかの男に取られるくらいなら、この手でお前を殺してやる」

「……いやです」

「なにがいやなのだ、私に殺されることか？　それとも、こうして私の腕に抱かれることか？」

「ち、違います……ほかの男に抱かれることがいやなのです……」

レダがけんめいに絞り出した言葉を聞き、テュンダレオースの熱はさらに高くなりました。

「お前は私だけのものだ。誰にも渡さない」

テュンダレオースはレダの背中に回していた両腕の力を緩め、左手を添えたまますもう一方の手で彼女の身体に触れていきました。指先がうなじから柔らかな胸を通るに従ってカーブを描き、そのまま臍の先へとゆっくり下がっていきます。

もはやレダに抗う気はなく、その指のなすがままでした。彼女の感覚は指の動きと比例して鋭くなっていき、吐息と言葉が漏れました。

「だめです……」

テュンダレオースには、その言葉の意味が本来のものではないことがわかっていました。彼はレダの上に覆い被さると、逞しい脚で彼女の細いももを押し広げ、二人はゆっくりとひとつになったのでした。

こうして快楽を貪る二人の様子を天上からのぞき込んでいる者がいました。それは、全知全能の神ゼウスでした。

かねてからレダの美貌に目を付けていたゼウスは、「いつか彼女と交わりたいものだ」と考えていました。そのため、今までも隣国の王子や名高い勇者に姿を変えレダに近づこうとしていましたが、夫に主張していた通り彼女の貞操は固く、いっこうに誘惑に乗ってきませんでした。

そんな矢先にテュンダレオースがレダの外出を禁じてしまったのですから、誘惑はますます難しくなりました。

しかし、たどり着くのが困難な目標ほど魅力的に見えるものです。その目標が、絶世の美女との交わりならなおさらです。そこでゼウスは屋敷の様子をつぶさに観察して、レダに近づける方法を探っていたのです。

そのとき目に入ったのが、二人の交わりでした。その光景を目にしたゼウスは嫉妬を覚えました。その嫉妬があまりにも激しかったので、夜空に輝いていた星々は瞬く間に消え、恐ろしい雷鳴が轟《とどろ》きました。

この雷は、ゼウスの持つケラウノスという武器から発せられたものでした。ゼウスはテュンダレオースを雷で撃ち殺したいという衝動に駆られていたのです。しかし、そのようなことをすれば肌を合わせているレダも同時に焼け死んでしまうとわかっていたため、やむなく雷鳴を響かせたのです。

しかし、この恐ろしい雷鳴がゼウスにもたらしたのは、さらなる嫉妬でした。雷鳴に怯えたレダはテュンダレオースの胸に強く抱きつき、二人は快感だけではなく激しい愛まで感じ合うことになったのでした。

レダと交わりたいということしか考えられなくなったゼウスは、アフロディテを呼び出しました。

「お前に頼みがあるのだが」

「醜い男と結婚せよという頼み以外でしたら、なんでもお聞きいたしますわ」

アフロディテが少し非難めいた口調で答えたので、ゼウスは顔を少し歪めて、

「お前の色恋沙汰に口出しするつもりはないから安心しろ。そうではなく、私の欲望を叶える手伝いをしてほしいのだ」

「相変らずおさかんですね。で、今度のお相手はどなたですか?」

「テュンダレオースの妻レダだ」

ゼウスは悪びれる様子もなく、彼女の名を口にしました。

「レダのことなら存じております。人間の女にしておくのが勿体ないほどの美女で、なんでも嫉妬深い夫に軟禁されているとか」

「その通り。だから、ちょっとばかりお前の手を借りなければ、思いを遂げられそ

うにないのだよ」

アフロディテは美と優美を司る女神でした。しかし、美も優美も比較があってこその評価です。アフロディテにとって、自分に並ぶ美を持つ者の存在など許せませんでした。ヘラ、アテナと「誰が最高の美女なのか」という争いを繰り広げ、人間の男に抱かれたのもそのためでした。人間の女など女神たちの足もとにも及ばないことはわかっていましたが、それでも怪しい芽は摘み取っておくにかぎります。ゼウスに手を貸しレダに不貞を犯させるのは、彼女の足もとをすくうのによい機会だとアフロディテは考えました。

「そういうことでしたら、できるかぎりのことはさせていただきますわ」

「まず、スパルタの国近くで待機していてくれ。頃合いを見て私が白鳥に化けるので、お前は鷹に化けて私を追い回すのだ」

「はぁ……鷹でございますね。そして、あなた様を追い回せばよいのですね……それだけでよろしいのですか？」

てっきりレダを誘拐してくれなどと言われると思っていたアフロディテは、拍子抜けしてしまいました。

「ああ、それだけでよい。あとは私がうまくやる」

「……承知いたしました。では、そのときが参りましたらお知らせください。見事、白鳥を追い詰めてお見せしますわ」


それから数日後、そろそろ時間を持て余し始めていたアフロディテのところにゼウスからの命が下りました。早速、アフロディテは精悍《せいかん》な姿の鷹に化け、空を舞い始めました。

テュンダレオースの屋敷を高みから見下ろすと、中庭のベンチにうつむいた女が腰掛けているのが目に入りました。

「あれがレダね」

顔を見たくなったアフロディテが「ピュー」と鳴くと、レダが顔を上げました。彼女は悲しげでしたが、完全に美しさがそれを凌駕《りょうが》していました。レダの瞳は太陽を反射してキラリと輝き、アフロディテですらその光に幻惑しそうになったほどでした。

「自由に運命を操ることができる人間の女でよかったわ。もし、彼女が女神だったらと思うと……」

一瞬だけアフロディテの心の中に嫉妬が湧きあがりましたが、それはすぐに安堵に変わり、ゼウスの悪だくみに加担してよかったと痛感しました。

しばらくアフロディテが屋敷の上空で旋回を続けていると、突然、眼下に白い大きな鳥があらわれました。

「あれがゼウス様が化けている白鳥ね。さっ、追い回すわよ」

アフロディテは翼を少しだけ畳んで急降下し始めました。米粒くらいにしか見えなかったゼウスの姿が瞬く間に目前へ迫りました。そして、鷹は白鳥の鼻先をめがけ、そのまま恐るべきスピードで落ちていきました。

中庭に目をやると、レダが心配そうな表情を浮かべていました。

「このままのスピードで落ち続けて、レダの美しい顔にくちばしを食い込ませてやろうかしら……」

そんな悪戯心がアフロディテの心の中に湧きあがりましたが、すんでのところで思い留まり、翼を思いきり広げて揚力を回復しました。鷹は力強い羽ばたきで再び白鳥へと近づき、こんどは下から身体を貫こうとしました。

白鳥がわずかに姿勢を変えたため、今回も辛うじて攻撃をかわすことができました。しかし、鷹との力差は圧倒的でしたから、いつまでも攻撃をかわし続けるのは絶対に不可能でした。

下からその様子を見つめていたレダは手を組み、

「神様、白鳥の命を救ってあげてください」

と祈りました。

するとまるでその祈りが通じたように、白鳥がレダをめがけて降りてきたではありませんか。

「こちらへいらっしゃい！」

レダは両手を広げ、白鳥を招きました。

白鳥はその言葉を解したように、レダの胸元に飛び込みました。後ろにどう猛な目をした鷹が迫っていたので、レダは覆い被さるようにして白鳥の姿を隠しました。

「ヒュッ」という空気を切り裂くような音が聞こえ、鋭い風が背中を通り過ぎていきました。それが数度続いた後、鷹の鳴き声も聞こえなくなったので、レダは顔をあげました。

すでに鷹の姿はどこにもありませんでした。

「大丈夫？」

聞いたところで白鳥から答えが返ってこないことはわかっていました。それでも、あえて聞いてみたくなったのは、この美しい生き物の命を救うことができたという満足感でした。

白鳥はなにも言わずに黄色いくちばしで軽く胸に触れました。はじめ、乳房の下に当てられていたくちばしは、レダの胸を押し上げるようにゆっくりと上を向き、乳首をこすりました。

「えっ」

レダは思わず声を出してしまいました。白鳥にそのような気持ちがないことはわかっていましたが、まるで愛撫されたような気分でした。

「こらっ！」

とレダは口にしましたが、実際に怒っていないことは、その恥ずかしそうな表情を見れば明らかでした。それを見透かしたように白鳥は大きな翼を広げ、レダの身体を包み込むようなしぐさをしました。

「お礼のつもりかしら……。それにしても、人間になついているわね。誰かに飼われていたのかしら」

そんなことを思っている間にも、レダの身体は白鳥の翼に包まれていきました。

レダは身体が火照るのを感じましたが、白鳥相手にそのような感覚を持ったことが急に恥ずかしくなり、白鳥の翼から逃れるように立ちあがりました。

「お礼はもういいわ。さっ、どこかへお行きなさい。あなたは自由の身よ」

そう言ってもいっこうに白鳥は飛び立とうとせず、ただうつむいて悲しそうな声を出すだけでした。命の危機から逃れることができ自由になった白鳥と王宮に囚われている自分では正反対の身の上でしたが、レダにはなんとなく白鳥の悲しみがわかる気がしました。

「そう……寂しいのね。じゃ、またいらっしゃい。そして、高みから見た景色のことを私に教えてちょうだい」

伝わるわけがないと思いながら、レダは白鳥に語りかけました。しかし、白鳥はその言葉を理解したようにくちばしを上下に振ったのです。

言葉が通じているような気がすると、たとえ相手が鳥であっても情を感じるものです。外へ出ることを禁じられ、人恋しさを募らせていたレダにはなおさらでした。

「また来てちょうだい。待っているわ」

レダがそう言うと白鳥は美しい翼を悠々と広げ、そっと飛び立っていきました。


その夜、レダは身体が火照るのを感じて目を覚ましました。かすかな光が感じられるところを見ると、夜明けはさほど遠くない時刻のようでした。とすると、テュンダレオースと交わってからはかなりの時間が経っているわけで、なぜこのような火照りを感じているのか理解できませんでした。

何度も果てた夫は深い眠りについていたので、レダは一糸まとわぬ姿でそっとベッドを抜け出して中庭へ行きました。ベンチに座ると心地よい涼風が漂ってきましたが、火照った身体が冷える気配はまったくありませんでした。火照りはときが経つとともに増していき、やがて身体の中心がうずき始めました。

我慢しきれなくなったレダは自らの手で胸に触れ、その先にある固くなった乳首の感触を味わい始めました。はしたない行為だとはわかっていましたが、周囲に誰もいないという開放感が指先を動かしました。

「あっ」

自分の声が大きく響いたような気がして束の間、我に返りましたが、それが静けさによるものだとわかると、レダはさらに大胆になっていきました。目をつむり、もう一方の手を黄金色の茂みへと這わせたのです。

快感に酔いしれる中で、レダはなにかがそっと近づいてくるのを感じました。

「こんな姿を誰かに見られたらどうしましょう……」

そう思いながら恐る恐る薄目を開けると、レダの横に白鳥が佇《たたず》んでいました。

「もしかして、あなたは昼間の白鳥さん？」

答えなど得られるわけがないとはわかっていましたが、恥ずかしさを紛らわすために口から出た言葉でした。

白鳥は何も答えないかわりに、黄色いくちばしをレダの唇に近づけてきました。普段なら汚らわしい行為に思えたでしょうが、すでに快感で満ちていたレダは、そのくちばしを柔らかな唇で覆いました。

それに応じるように、白鳥はくちばしの先から柔らかな舌を伸ばし、レダの舌と絡ませました。すると雷に打たれたようにレダの全身がびくんと震え、見る間に力が抜けていきました。レダが首をのけぞらせると、口の端からこぼれた液体が金星のかすかな光に照らされて輝いていました。

「はぁ……」

もはや彼女に抗う力は残っていませんでした。それを見定めた白鳥は翼を広げ、彼女の身体を包みました。白い羽根が心地よく、抱かれているのではなく宙に浮いているような気がしました。

白鳥は首を大きく曲げ、顔をレダの下腹部に差し入れました。くちばしと舌の愛撫が続くと、もはやレダは耐えきれませんでした。

「お願い……止めて」

気持ちと逆の言葉を口にしたのは、レダの最後の抵抗でした。しかし、白鳥はそれが彼女の真意ではないことを知っていました。

白鳥はレダの後ろに回り込み、柔らかな羽毛で覆われている腹をお尻に押しつけてきました。しかし、柔らかさを感じたのは一瞬のことでした。次の瞬間、レダは硬いものを感じました。

「えっ、だめ……」

レダは力を振り絞って逃れようとしましたが、彼女の身体は白鳥の翼でがっちり捕らえられており、あっけなく貫かれていました。

「お願い、許して……」

レダは激しくもだえ、あえぎながら辛うじてこの言葉を発しました。許しを乞わなければならないほどの快感に襲われ、どうしたらよいのかわからなくなっていたのです。そして、レダは何度も絶頂に達した後、気絶してしまいました。

「神の寵愛を受けた感想を聞かせてくれないか」

夢の中で、こう問う声が聞こえてきました。普段は寸分の隙も見せない美しいレダが、中庭でだらしない姿を晒している様子を見れば聞くまでもないことでしたが、それでも答えさせようとしていました。

何度も絶頂感を味わったことを恥じていたレダは答えませんでしたが、「神の寵愛」という言葉が気になってしかたありません。

「自ら神と仰るあなたは何者ですか？」

神を名乗る相手もその問いには答えませんでしたが、ただの白鳥が人間の男以上の快感を与えることなどできるはずがありませんから、神というのが嘘ではないことだけはわかりました。

「お前に子を授けたので、大切に育てるのだぞ」

また、ふいに声が聞こえました。

「そ、それは困ります!」

驚いたレダが叫ぶと、なぜかテュンダレオースの横で目覚めました。

すべては夢の中で起きた出来事……そう思いたかったのですが、今も身体の中心には激しいものに突かれた感覚と熱いものが注がれた名残がありました。


あの出来事が事実だったのかどうかわからないまま数週間が過ぎ、レダは妊娠していることに気付きました。それを告げるとテュンダレオースは大いに喜びましたが、レダは暗澹《あんたん》たる気持ちを抱えたままでした。

そして十カ月が経ち、レダは無事に四つ子を産みました。母子ともに健康でしたが、ひとつだけ普通のお産とは違うところがありました。

それは、レダが真っ白で大きな卵をふたつ産んだということでした。ひとつ目の卵からはヘレネとクリュタイムネストラという双子の女子が生まれ、もうひとつの卵からはポリュデウケスとカストルという双子の男子が生まれました。

レダが産んだ四人の子どものうち、ヘレネとポリュデウケスは、白鳥に化けてレダと交わったゼウスが父親だったので、神の子として永遠の命が与えられました。

一方、クリュタイムネストラとカストルの父親は、レダがゼウスと交わる直前に交わったテュンダレオースでした。そのためこの二人の寿命は有限でしたが、カストルはのちに英雄として名を馳せました。

ちなみに、ふたご座として描かれている二人の若者は、このポリュデウケスとカストルです。また、ゼウスが化けていた白鳥の姿は、白鳥座としてやはり夜空に描かれています。

レダがいつか浮気をするのではないかと心配していたテュンダレオースは、妻が卵を産んだことがあまりにもショックだったため、心を病んでしまいました。彼は言葉を完全に失い、食事も満足に摂れない状態で老いていきました。

しかし、スパルタの国民たちはこれが神の恩寵だと考え、レダのことを聖母としてあがめました。そのため、国王が心を病み指導力を失った後もスパルタは長く栄え続けました。

Episode 7

夫を裏切ったヘレネの物語

ゼウスの寵愛を受けてレダが授かった子どもの一人ヘレネは、神族の血が入ったことによって母よりもさらに美しい娘に育ちました。
ほっそりとした顔にはレダの面影が残っていましたが、それに愛く

るしさが加わり一層の魅力を放っていましたし、黄金色の巻き毛が垂れかかった胸はたわわに実ったオレンジのような張りを男たちに見せつけました。しかし、それよりも男たちを引きつけたのは、彼女が若い娘とは思えない気品を備えていたことでした。

　整ったものを乱し、自分だけが知る女にしたいという願望は男なら誰しも持っているものですが、ヘレネはその願望をより刺激する女だったのです。

「スパルタに美貌の王女がいる」

という噂は瞬く間に広まり、ヘレ

ネが適齢期を迎えると、ギリシャ中から彼女を妻にすることを望む英雄たちが集まってきました。

　あまりにもたくさんの英雄たちが押し寄せたため、ヘレネに謁見するだけで数日待たなければならず、しかも謁見が終わると彼らは例外なくヘレネに恋をしました。その噂がさらに英雄たちを引き寄せることになったため、スパルタの町は恋敵たちで溢れることになりました。

　しかも、ただの恋敵ではありません。彼らは全員が腕に覚えのある戦士でしたから、あちこちで小競り合いが起きるようになり、スパルタの町は一触即発の険悪な空気に包まれました。

「ヘレネのことを慕って英雄たちが集まってきてくれたのは嬉しいことだけど、このままだとヘレネが誰を選んでも問題が起きそうだわ。全員に恨みを残さず、丸く収めるにはどうすればいいのかしら……」

　日々不安を募らせていたレダは、イタカ島の王オデュッセウスに相談しました。国王のテュンダレオースがしっかりしていれば彼の判断を仰ぐことができたのですが、テュンダレオースはレダが卵を産んだことが受け入れられず、心を病んでいました。そのため彼は、かたちだけの国王として存在しているに過ぎなかったのです。

その点、オデュッセウスは女神アテナの寵愛を受けるほどの知恵者で、彼もまたヘレネに求婚するためスパルタを訪れていました。小競り合いが町のあちこちで起きているのを見て、オデュッセウスはレダと同様に憂いを感じていましたから、相談相手としてはうってつけでした。

レダに解決方法を問われたオデュッセウスは、腕組みをしてしばらく考えた後、こう答えました。

「まず、求婚者たちに『誰がヘレネの夫に選ばれても絶対に異議を唱えず、またその結婚を妨害する者があらわれたら、全員が団結してヘレネの夫を助ける』と誓わせるのです。そして、それからヘレネ自身に夫を選ばせれば、誰も不平不満を漏らすことができないはずです」

こうして求婚者たちから誓約書を受け取った後、ヘレネは夫となる英雄を選びました。その幸運な男になったのは、ミュケネ王アガメムノンの弟メネラオスでした。ミュケネはギリシャ最強の国でしたから、そこと姻戚関係を結べることは、テュンダレオースが名ばかりの王となっているスパルタにとっても好ましいことでした。

もちろん、ヘレネはそのような値踏みをしたわけではなく、彼の柔らかそうな金髪と、ときおり見せる優しそうな笑顔に心惹かれたのでした。

こうして、ヘレネとメネラオスは両国と英雄たちに祝福され、めでたく結婚することになりました。

新婚初夜でも、ヘレネは慎ましやかで気品を保ち続けていました。彼女はメネラオスの前で服をはらりと足もとに捨てるようなことはせず、背中を向けて恥ずかしそうな素振りで一枚、また一枚と服を脱ぎ、たわわな胸を細い腕で隠しながらメネラオスが待ち構えているベッドに身体を滑り込ませました。

それまでの間、メネラオスは彼女の美しい裸体をたしかめようと目を凝らしましたが、暗いランプの光で見通すことができたのはヘレネの裸体の輪郭だけでした。書物を読むには充分と思っていたランプの光を、メネラオスははじめて「暗い」と感じました。しかし、視覚で楽しむ必要はありませんでした。ヘレネが柔らかい身体をそっと寄せてきたからです。

メネラオスは二人の身体を覆っていたブランケットを引きはがしました。ヘレネはとっさに身体を隠そうとしましたが、そのために使えるのは自分の腕と脚だけでしたから、ただそれを曲げるしかありませんでした。

「なんと美しいのだろう……」

その身体をよじる姿がまるで石像のように白く美しかったので、メネラオスは見とれてしまいました。

じっくりヘレネの裸体を味わった後、メネラオスは肩から腰へ向かってゆっくり手を何度も滑らせ、ヘレネのしなやかな肌を楽しみました。そして、少しずつ手の振り幅を広くしていき、指先でそっと柔らかな胸とブロンドの茂みの奥をなぞり始めました。

「あっ」

その悲鳴と同時に、ヘレネは拒むような素振りを見せましたが、すぐ諦めたように力を抜きました。

我慢しきれなくなったメネラオスは唇をヘレネの唇に押しつけ、右手を茂みの中に差し入れました。

「恥ずかしい……」

唇と唇の間からヘレネは言葉を絞り出しましたが、すでに泉は溢れており、交わりの準備は整っていました。

メネラオスはヘレネのことを見下ろしながら、細くて白い太ももを開かせました。かすかな光にブロンドの茂みが浮きあがるのを眺めながら、メネラオスはヘレネの中へ入っていきました。

「んっ……」

男と交わるのがはじめてだったヘレネは身をよじり、苦しそうな声を漏らしました。それを見たメネラオスの心の中では、強引に続けてやろうという意地悪い衝動と、ゆっくり時間をかけて接してやりたいという優しい気持ちが葛藤していました。

「大丈夫かい?」

「だ……大丈夫。続けて……」

その言葉を聞いて、メネラオスの心の中で、意地悪い衝動が勝利を収めました。彼が腰を小刻みに動かし始めると、ヘレネの口から、

「うっ、うっ」

という苦しい声が続けて漏れました。それでもメネラオスは許してやろうとせず、

腰を動かし続けました。すると、次第に苦しい声は快感にむせぶ声に変わっていきました。

メネラオスが女性と交わるのははじめてではありませんでした。今までに十数人の女性と経験があったため、ヘレネとの交わりでは主導権を握るつもりでした。しかし、その意気込みはいつまでも続きませんでした。ひとたび交わりを知ったヘレネは慎ましさすら脱ぎ捨て、貪るように快楽を求めてメネラオスを翻弄したのです。彼女は快楽を独り占めせず、与えた以上のものを与えてくれました。それは、まさに〝無上の快楽〟でした。

すべてが終わっても、二人は全裸のまま身体を合わせていました。メネラオスがぼんやり天井を見つめていると、ヘレネが独り言のように言いました。

「どうしたのですか?」

「大したことじゃない。ただ……」

「ただ、何ですか?」

「何度でもあなたを求めたくなる。もう、あなたなしではこの世のすべては意味を成さない気がする」

ヘレネは笑みを浮かべ、メネラオスの胸に頭を乗せました。

こうして、絶世の美女ヘレネを妻としたメネラオスは、数年後、心を病んでいた義父テュンダレオースの後を継いでスパルタの王となりました。

ところで、トロイアの王子パリスがゼウスの命を受け、ヘラとアテナ、アフロディテという三女神の中から最も美しい女性を選べと命じられたのは、メネラオスがスパルタの王に即位してから三年後のことでした（Episode2参照）。

結局、アフロディテが「最も美しい女性」という名誉を得ましたが、そのためパリスと「無上の快楽を与えてくれる美しい女をお前の妻にしてあげましょう」という約束をしていました。その美しい女とは、事もあろうにメネラオスの妻となったヘレネのことだったのです。

しかし、当時パリスは牛飼いを生業《なりわい》としている貧しい少年でした。このままでは、さすがにヘレネの気持ちもなびきません。そこでアフロディテはパリスのことをトロイアへ連れていき、もともと彼の居場所だったトロイアの王子に据えました。

パリスはトロイア国の妃へカベの命で山に捨てられたのですが、それは占い師に

「パリスはやがてトロイアの町を焼き尽くす厄災をもたらすだろう」と告げられたためでした。

しかし、たとえそのような理由で捨てたとしても、我が子のことを可愛いと思わない親はいません。しかも、パリスは美しい若者に育っていました。そのようなパリスのことを、ヘカベだけではなく王のプリアモスも溺愛しました。

こうして、パリスは牛飼いのときとは比べものにならない優雅で贅沢な暮らしを楽しんでいましたが、ある日、アフロディテが降臨しました。

彼女があらわれたのが真夜中の寝室だったので、パリスは身分不相応な期待に胸を膨らませて飛び起きました。

「アフロディテ様、もう一度、あの快楽を味わわせてくれるのですか？」

すると、アフロディテは冷たい笑み浮かべました。

「あれは一度きりのことと言ってあったはず。私との逢瀬《おうせ》を期待するのではなく、無上の快楽を与えてくれる人間の女を妻とするときが来たのです。その女は、スパルタの女王ヘレネです」

「し……しかし、女王ということは誰かの妻ということ。それをどうやって妻にせよと仰るのですか」

パリスは戸惑っていましたが、アフロディテは平然と言い放ちました。

「財宝を持ってスパルタを訪ね、彼女をさらってくればよいのです」

「そんなことをすれば、たいへんなことになるのでは……」

「安心なさい。私があなたのことを天上から見守っていますから、すべてがうまくいきます。さっ、ヘレネを奪いにいくのです！」

そう言い残すと、アフロディテの姿はこつぜんと消えました。あまりにも唐突な話だったので、「夢なのかも知れない」とも思いましたが、部屋の中に明らかに残る彼女の甘い香りが夢ではないと告げていました。


明け方までヘレネを奪う作戦を考え続けていたパリスは、朝一番でプリアモス王に謁見しました。

「スパルタで妻を探してまいりますので、船をお貸しください。そして、我が国がいかに裕福かを伝えるための財宝もお貸しください」

突然のことでプリアモス王は驚きましたが、パリスにはこれまで不遇な人生を過ごさせてしまったという負い目があったため、彼の望み通り船と財宝を貸し与えることにしました。

早速、パリスはその船に乗ってスパルタを訪れました。スパルタの王メネラオスは、はるばるトロイアから訪れたパリスのことを友好的に迎えたうえ、歓迎会まで開いてくれました。

その歓迎会の席で、パリスははじめてヘレネに会いました。彼女の笑みには、まるで少女のようなあどけなさと高貴な自信が溢れていました。背は想像していたよりも小柄で、女性特有の曲線も穏やかでしたが、それはきっとアフロディテのことを思っていたからだと、パリスはそっと苦笑しました。

「トロイア国の王子、パリスと申します」

パリスがヘレネの手を取って接吻すると､柔らかでなめらかな感触が唇に伝わり、全身の血が沸き立つのを感じました。そして、気のせいか接吻した瞬間にヘレネの身体もビクンと震えたような気がしました。

不躾《ぶしつけ》にならないようそっとヘレネの顔をのぞき込むと、彼女の微笑は先ほどのものからわずかに変化していて、これからパリスに奪われることに理解を示しているような気すらしました。

「この女性のためなら、命の危険も喜んで受け入れられる」

パリスは、手を離さずこの場で彼女を奪いたい衝動に駆られましたが、隣にはメネラオス王がおり、周囲には衛兵も並んでいたため失敗するのは明らかでした。そのため、なんとかしてその気持ちを抑え、落ち着いた素振りで言いました。

「実は、ヘレネ様へプレゼントをお持ちいたしました」

ヘレネの目がパッと輝いたのをパリスは見逃しませんでした。

「さすがはアフロディテ様。女心をよくご存じだ」

感心しながら、パリスは船から財宝を持ってくるよう家来に命じました。財宝が入った箱は九つにも及び、そのすべてが屈強な男たちをもってしても運ぶのに苦労する重さでした。

パリスが順に蓋を開けていくと、金のブレスレットにピアス、ダイヤモンドで飾られたネックレス、さまざまな色の宝石が散りばめられたドレスなど、スパルタでは見たことのない豪華で優美な財宝が次々にあらわれました。

「おぉ……」とメネラオス王がうなり、慎ましやかなはずのヘレネも思わず口走りました。

「まぁ、素敵。こんなに美しいアクセサリーは見たことないわ」

もともとパリスは女性を引きつける魅力を持っている美男子でした。その美男子が一生かけても身につけきれないほどの宝石とアクセサリーを差し出し、さらに恋愛と美の女神であるアフロディテの後押しを受けていたのですから、ヘレネの気持ちが傾くのは当然のことでした。

しかし、メネラオス王をはじめとする周囲の者たちは、そのことにまったく気が付きませんでした。実は、これもアフロディテがかけた魔法によるものでした。

この魔法のおかげで、メネラオス王はパリスの行いに微塵《みじん》の疑いも持たず、かねてより予定されていた遠征に出発してしまいました。

メネラオスが出かけた夜、パリスはヘレネに誘いを掛けてみました。

「よろしければ、私の部屋で少し飲みませんか？」

夫からパリスの接待をまかされていたとはいえ、人妻が客の部屋へ行くのは常識を逸脱していたため、ヘレネは大いに迷いました。しかし、パリスを見るたびにときめきに似た高ぶりを感じていた彼女の心が「行きなさい」と誘っていました。

結局、ヘレネはその夜、パリスの部屋を訪ねました。不思議なことに、ヘレネに怯えた気配はありませんでした。

「来てくれたんですね」

「せっかくのお招きを断るのは失礼だと思ったので」

そう言ったヘレネの横顔に、わずかながら陰りが見られました。こうして部屋に来たことを後悔しているのかと思い、パリスは少し不安になりました。

その不安を打ち消そうと、パリスはヘレネのことをそっと抱き締めてみました。抵抗されることを予想していましたが、ヘレネは少し身体を硬くしただけでした。

「あなたのことを一目見たときから、私はあなたの虜《とりこ》でした」

「私もです」という言葉が喉まで出かかりましたが、それは許されないことだと思い直し、ヘレネは黙っていました。

すると、何も言えずにいた唇にパリスの唇が重なりました。夫を裏切ることを承知で来たはずでしたが、実際に彼の唇と触れ合うと不安がよぎりました。

「お、お待ちください」

ヘレネはなんとかして彼の唇から逃れ、言葉を発しました。しかし、パリスが力を込めて彼女の唇をもう一度引き寄せると、それを待っていたかのように目をつむり素直に顎をあげたのです。もはやヘレネに抗う力は残っていませんでした。こうして再び二人は接吻し、ごく自然にベッドへ倒れ込みました。

パリスは自らの服を乱暴に脱ぎ捨てると、ヘレネの白い身体を覆っている煌《きら》びやかなドレスを一枚ずつはがしていきました。やがて胸元から白いふくらみがのぞき始めたので、そっと手を添えてすでに硬くなっている突起をつまみました。するとヘレネの身体が弓なりなったので、パリスは少し強引に彼女の身体を覆っていたすべての布をはぎ取りました。

白くすべすべした肌が露わになり、パリスは思わずヘレネの胸にむしゃぶりつきました。

「どうしましょう……」

ヘレネは動揺したような声をあげ身をよじらせましたが、もはや後戻りはできませんでした。

パリスは柔らかな胸を丹念に味わった後、下腹部に手を伸ばしました。もはやヘレネに後悔はなく、パリスの指先が驚くほどしなやかなことに喜びを感じながら、これから起きることに期待を膨らませていました。

パリスの指先に金色の柔らかな茂みが触れ、それを掻き分けると豊かな泉が湧いていました。それをたしかめたパリスは、自らの欲望を抑えきれなくなり、ヘレネの中へ入っていきました。

ヘレネは、喜びとも痛みとも見える複雑な表情をしながら快感に酔いしれていました。しかし、パリスはそれ以上の快感を得ていました。それは、謁見したときの「この女性のためなら、命の危険も喜んで受け入れられる」という感覚をさらに明確にするものでした。

何度も果てた後、ヘレネはベッドの上で無防備な姿を晒していました。パリスは半身を起こし、その美しい肢体を眺めて楽しんでいました。

しばらくして、遠のいていた意識を少しずつ取り戻していたヘレネが恥ずかしそうに腕で胸を隠しました。

「ランプを消して」

「お断りします」

「でも……恥ずかしいわ」

ヘレネは背中を向けようとしましたが、パリスはそれを許さず彼女の肩を引き、胸と腹、そして金色の茂みを露わにしました。

「人生のすべてを懸けて手にした、あなたの美しい身体をいつまでもながめさせていただきたいのです」

ヘレネの表情が恥ずかしさから戸惑いに変わりました。

「……私にそれほどの価値はないわ」

「いえ、あなたは私にとって無上の快楽を与えてくれる美しい女性。あなたを妻にできなければ、私が生きている意味はありません」

「妻といっても……私には夫がいるのですよ」

「わかっています。だからこそ、こうして船で参ったのではありませんか」

ヘレネは驚いて半身を起こすと、絹のシーツを火照った裸体に巻きつけました。そのまま立ちあがろうとしましたが、膝に力が入らなかったので、パリスに背を向けたまま言いました。

「では、最初から……」

「その通りです。私は、あなたを連れてトロイアへ戻るつもりで参りました」

パリスに魅力を感じていたのは事実ですが、メネラオスとの生活を捨てて彼と逃避行することまで考えていなかったのは当然のことです。

これはたいへんなことになったという気持ちはありましたが、パリスの言葉にそれほど抗う気持ちも起きず、ヘレネは困惑しました。

パリスは腰にシーツを巻くと、ヘレネの前で跪きました。

「メネラオス王を裏切るのは心苦しいことでしょう。しかし、あなたを必ず幸せにしますから、私と一緒にトロイアへいらしてください」

「そのようなことを急に言われても……」

その気がまったくないのならきっぱり断ればいいだけのことですが、なぜかそれができませんでした。

「どうか私の妻になると仰ってください。メネラオス王にとって、あなたは一人の女性ですが、私にとっては唯一の女性なのです」

「あなたが一緒にトロイアへ戻ってくださらないのであれば、私は死んだも同然。いっそのこと、ここで命を絶った方がマシです」

パリスが強い気持ちを口にするたびに、ヘレネの気持ちは揺れ動きました。それはアフロディテの後押しがあったからこそなのですが、ヘレネはそれに気付きませんでした。そして、彼女はついに首を縦に振ってしまったのです。

「私をどこにでも連れていってちょうだい。あなたと行くわ！」

こうしてヘレネはその日のうちにパリスとともにスパルタを出ました。その際、ヘレネはパリスにもらった財宝だけではなく、宝物殿にあった財宝も船に積み込みました。おかげで船足は鈍くなりましたが、それでも四日ほどで二人はトロイアへ到着しました。

出発前に約束した通り、パリスが美しい女性を連れ帰ったのでプリアモス王とその妃ヘカベだけではなく、トロイアの市民全員が喜びました。そして数日後、二人は国王の前で盛大な結婚式を挙げ、正式な夫婦となりました。

ヘレネは幸せでした。スパルタの王妃として生活していたときも幸せでしたが、それよりもさらに幸せな気がしました。その違いは、パリスの強い愛によるものでした。メネラオスもヘレネのことを愛してくれましたが、パリスの愛はそれとは比べものにならないくらい激しく、そして優しいものでした。

ひとたび強い愛を感じてしまうと、女はそれなしでは生きていけなくなってしまうものです。ヘレネはその罠に囚われていたのです。そして、彼女をこの罠に落としたのは、あのアフロディテでした。

パリスは単純に「アフロディテが約束を果たしてくれた」と思い込んでいましたが、彼女がヘレネを奪えと言ったのは、ゼウスのたくらみの一部でした。ちょうどその頃、ゼウスは「増えすぎた人間の数を減らさなければ」と考えていました。そのため、大戦争を勃発させようとしていたのです。

事はゼウスの思惑通りに運んでいました。

遠征から戻ったメネラオスは、パリスにヘレネをさらわれたうえに財宝まで持ち去られたことを知り激怒しました。すぐさまメネラオスはミュケネへ走り、実の兄でもあるアガメムノン王にどうすべきか相談しました。すると、アガメムノン王は即答しました。

「ヘレネが夫を選ぶ際、英雄たちが『結婚を妨害する者があらわれたら、全員が団結してヘレネの夫を助ける』という誓約をしていたではないか。今こそ、その誓約を守ってもらうときではないのか」

そのアドバイスに従ってメネラオスが誓約書にサインした英雄たちに助けを乞うと、瞬く間にギリシャ全土から大軍が集まりました。

こうしてギリシャ連合とトロイアの間で始まった戦争は十年以上続き、ゼウスが期待した通り、たくさんの血が流されました。

最終的にパリスは戦死してトロイアは陥落しました。そして、ヘレネはメネラオスとともにスパルタへ戻り、平穏に暮らしたそうです。

Episode 8

父を殺した母とオイディプスの物語

　テバイの王ライオスにはイオカステという妃がいました。イオカステはライオスより十歳も年下で、栗毛の美しい女性でした。ところが、二人は結婚してから一度も交わったことがありませんでした。

　イオカステの身体に不満があったわけではありません。それどころか、柔らかな曲線を描く彼女の整った裸体は圧倒的な魅力を放っていて、毎夜それに逆らい続けるのは拷問にも等しい苦行でした。ライオスがイオカステに触れようとしなかったのは、ペプロス王に恐ろしい呪いをかけられていたためでした。

かつてライオスはペプロス王が治めるピサ国で暮らしていたことがありました。その際、彼はペプロス王の末っ子クリュシッポスの教育係を務めていました。ところが、ライオスはクリュシッポスと毎日接するうちに、彼に恋心を抱くようになってしまったのです。相手が少女なら、素直に気持ちを吐き出すことができたかも知れませんが、少年に「愛している」「キミの身体が欲しい」などと言うことは憚《はばか》られました。

ライオスは悶々とした日々を送るうちに、衝動を爆発させてしまいました。なんと、自らの欲望を果たすためクリュシッポスを誘拐してしまったのです。

当初、クリュシッポスは「誘拐されている」という恐怖は感じていませんでした。なぜなら、ライオスが「秘密の洞窟を見つけるため、山へ行ってみよう」と誘ったからでした。

二人は夜明け前にそっと王宮を抜け出し、ペロポネソスの山へ入っていきました。最初は楽しんでいたクリュシッポスでしたが、疲れとともに洞窟への興味は失われ、

「家へ帰りたい」「お腹が空いた」と我が儘を言い出しました。

その反発が、ライオスの心の中に残っていた最後の自制心を破壊してしまいました。彼は草むらの中にクリュシッポスを押し倒しました。

「な、なにをするの！」

驚いたクリュシッポスが叫びましたが、一度湧き出した衝動を抑えるのはもはや不可能でした。ライオスは頬を打ってクリュシッポスのことを黙らせると、乱暴にズボンを脱がしました。あらわれた白いつぼみは恐怖で縮こまっていました。

「や、やめて！　恥ずかしいよ」

ライオスはなにも言わず、その白いつぼみをそっと握り、上下に動かし始めました。すると、見る間にそのつぼみは膨らんでいき白い滴を飛ばしました。

「こんどは僕の番だ。さっ、後ろを向いてごらん」

「いやだ！　こんなのおかしいよ！」

クリュシッポスは果ててしまったことを恥じるように頬を赤らめていましたが、それでもまだライオスの奴隷になるつもりはありませんでした。少年は覆い被さろうとしていたライオスの腹を思いきり蹴り上げ、逃げようとしました。

　しかし少年の力は未熟だったので、ライオスはわずかに怯《ひる》んだだけでした。彼は逃れようとする少年の足首を掴んで引きずり倒しました。都合のいいことに、クリュシッポスの白い尻がこちらを向いていました。ライオスは暴れる少年の背中にまたがると、両手を首に回して力を入れました。

「静かにしなさい。さもないと、二度と父上にも母上にもお会いできませんよ」

　死の恐怖に怯えたクリュシッポスがようやく大人しくなったので、ライオスはズボンを脱ぎ、彼の白いお尻に自分の下腹部を強く押し当てました。


　山を下りる際、クリュシッポスはずっと無言でした。男に辱めを受けたという屈辱と、このことを両親に知られたらどうしようという焦り、そして恥ずかしさで少年の心は壊れる寸前だったのです。

　しばらく歩くと見晴らしのよい崖に出ました。そこからは王宮の姿がよく見えました。空はすでに昼前の明るさを得ていて、おそらく家臣たちが姿の見えなくなったクリュシッポスとライオスのことを探し回っているはずでした。

「さっ、もう少しですよ。みんなが心配しているでしょうから、早く王宮に戻りましょう」

とライオスが声を掛けた途端、クリュシッポスはその崖から飛び降りました。

「クリュシッポス！」

縁から崖下をのぞき込み、大声で叫んでも彼の返事はありませんでした。そのかわりにあらわれたのは、彼らのことを探していた家臣たちでした。ライオスの声を聞いて駆けつけてきたのです。

王宮に戻ったライオスは、その夜、クリュシッポスが変わり果てた姿で発見されたことを聞きました。ライオスは泣きましたが、それは少年を失ったための涙ではなく、二度とあの美少年と交わることができないことを嘆く涙でした。

二人の間になにがあったのか知っているのはライオスだけでした。しかも、そのライオスは「クリュシッポス様が強く望んだので、早朝に王宮を抜け出して山を歩いていただけです。王子はなにかに悩んでいたようで、あの崖に着いた途端、引き留める間もなく飛び降りてしまいました」と語りました。

しかし、王は彼の言葉を信じず、

「ライオスはなにかを隠している。そして、その隠しているなにかが、クリュシッポスの命を奪ったのだ」

証拠もないままライオスに罰を与えることはできませんでしたが、このままでは愛する我が子を失った悲しみと怒りを癒すことができません。そこで王は、自らの魂を売って悪魔を呼び出し、ライオスに呪いをかけました。

クリュシッポスが亡くなってから三カ月後、ライオスは帰国することになりました。出発の直前、ライオスはペプロス王に謁見しました。

「これまで長い間お世話になり、ありがとうございました。帰国後も、この恩は忘れずに過ごす所存です」

「……」

ペプロス王がなにも答えなかったので、ライオスは続けました。

「唯一、心残りなのは、クリュ……」

「汚らわしい！　その名をお前が口にするのは許さん！」

「……失礼いたしました。では、そろそろ私は出発することにいたします」

と、ライオスが下がろうとしたところで、王が彼の背中に向かって落ち着き払った声で言いました。

「お前に男の子が生まれたら、お前は必ずその子に殺されるだろう。これは決して破ることのできない呪いだ。ライオスよ、一生怯えて過ごすがいい」

当初、ライオスはペプロス王に言われたことを真に受けていませんでした。しかし、テバイに戻った後、王位を継ぎ妻を娶ると、急にあのとき言われた言葉が恐ろしくなりました。ライオスはこの呪いのことを妻のイオカステにも伝えられないまま、彼女との交わりを拒むことになったのです。

しかし、呪いというのは人知の及ばないところで密かに目的に向かって育っているものです。ライオスの苦行も、酒によって簡単に終わりを告げてしまいました。

その日はライオスの誕生日を祝う豪華なパーティーが催されていました。美しい妻と家臣、そして民に愛されていることを再認識したライオスは、嬉しくなっていつもより酒量を増やしてしまいました。

この酒のおかげで欲望は高まり、寝室へ戻る前からイオカステの華奢な身体に抱きつき、柔らかなお尻や胸に触れていました。

「お、お止めください」

その都度、イオカステはたしなめていましたが、愛する男に触れられる喜びも感じていました。

ようやく寝室へたどり着きベッドを目の前にすると、ライオスの欲望が爆発しました。イオカステの身体をいきなり押し倒し、その上に覆い被さったのです。

「なっ、なにをなさるのですか！」

イオカステは彼の腕の中でもぞもぞと動いていました。はじめてのことに落ち着かない様子でした。ライオスは少し力を抜き、彼女の顔をのぞき込みました。

「イオカステ……」

「……は、はい」

横を向いていたイオカステが小作りの顔立ちをこちらへ向けたので、ライオスは彼女の唇にむしゃぶりつきました。

最初は抵抗していたイオカステでしたが、ライオスが舌を強引に差し込むと、瞬く間に全身の力が抜けていくのがわかりました。

息が続くかぎり接吻を続けてから解放してやると、イオカステはぐったりしてライオスのことをぼんやり見つめていました。

ライオスが服を脱ぎ始めると、イオカステもドレスのボタンをゆっくりと外し始めました。しかし、待ちきれないライオスは、彼女のドレスを思いきりたくしあげ、下着をはぎ取りました。

「ひ……ひどい」

このような乱暴な扱いを受けたことがなかったので、イオカステは少し悲しくなりました。しかし、それでも抵抗しようとはしませんでした。なぜなら、悲しみよりもライオスに愛される喜びの方が勝っていたためでした。

「少しの辛抱だ、我慢しなさい」

と、ライオスが耳元で言った途端、まだ誰も受け入れたことのなかった部分に熱い痛みが走りました。

「いやっ、い、痛い！」

イオカステは痛みに身体をよじりましたが、それは楔《くさび》のようにしっかり彼女の身体に打ち込まれていたため、逃れることはできませんでした。

「力を抜きなさい」

どうすれば力を抜けるのかイオカステにはわかりませんでしたが、ライオスが再び唇を重ねてくれた途端、全身が柔らかくなるのを感じました。

ライオスがゆっくりと腰を動かし始めましたが、もはや痛みは感じず、心地よい熱さがイオカステの全身を包み込んでいました。言葉にならない声が漏れそうになり、イオカステは焦りました。彼女は必至に口を閉じましたが、すべての声を抑えるのは不可能でした。

「ん、んっ」

イオカステが細い腕を背中に回して抱き締めてきたので、ライオスは激しく昂ぶりました。

「……も、うっ……」

身体の中に生命の源が注ぎ込まれるのを感じながら、イオカステも頂点に達していました。


翌朝ライオスが目覚めると、乱れた姿のイオカステが静かに寝息を立てていました。そっとベッドの中をのぞき込むと、彼女の引き締まったお尻が露わになっていました。

「ま、まずい。とうとうイオカステと交わってしまった……」

ライオスは、ペプロス王が謁見の際に口にした呪いの言葉を思い返しながら怯えていました。

「だが、イオカステとは一回交わっただけ。子どもができるとはかぎらないし、たとえできたとしても女の子を授かるかもしれないではないか。すべては神の思し召しだ。くよくよ考えても始まらない」

そう思い返し、ライオスはいつも通りの生活を始めましたが、数カ月後にはイオカステの妊娠が明らかになりました。しかも、月が満ちて生を享けたのは彼が恐れていた男の子だったのです。

イオカステはもとより、側近たちは全員跡継ぎが生まれたことを喜びましたが、ライオスだけはその子に近寄ろうともしませんでした。

「このままではあの子に殺されてしまう……」

その恐怖が頭から離れなくなったライオスは、生まれたばかりの我が子をこの世から消し去る決心をしました。彼はその子の左右の踵をピンで貫いて歩けなくしたうえで、お抱えの羊飼いに、「この邪悪な子をキタイロン山の山奥へ捨ててくるのだ」

と命じました。

王の命令は絶対でしたが、可哀そうに思った羊飼いはそれを守らず、子どもに恵まれなかったコリントス王ポリュボスとその妻メロペーに預けました。彼らは真っ先に踵に刺さったピンを抜いてやりましたが、いつまでも幼子の踵の腫れは引きませんでした。そこで彼らはその子に「腫れ足」という意味のオイディプスという名を付け、大切に育てました。

オイディプスは文武両道に秀でた若者に育ちました。学問だろうがスポーツだろうが彼に敵う者は滅多におらず、同年代の者は常に苦汁をなめることになりました。そのため、汚い手段を使っても彼のことを蹴落とそうとする者が次第に増えていきました。彼らはあちこちに金をばらまき、オイディプスに関するスキャンダルを聞き出そうとしましたが、なかなかうまくいきませんでした。

しかし、ある日ついに「オイディプスは捨て子で、ポリュボスの実子ではない」という噂を掴んだ者がいました。裏付けはありませんでしたが、オイディプスを妬《ねた》む者たちはそれをあちこちで吹聴《ふいちょう》しました。

噂というのは病魔と同じように瞬く間に広がっていくものです。オイディプスがその噂を耳にするまでにかかった期間はわずか三日でした。

「私の出自にまつわる噂は事実なのでしょうか」

不安を感じたオイディプスは、ポリュボス王を問いただしました。

「突然なにを言いだすのだ！　お前は間違いなく私たちの実子。つまらぬ噂に惑わされてはならないぞ」

それは期待通りの答えでしたが、オイディプスはそれでも納得することができませんでした。そこでデルポイへ行き、アポロンに御神託をいただくことにしました。アポロンの神託は事実のみを語ることで知られていたからでした。

「私は、本当にポリュボス王の実子なのでしょうか」

オイディプスは聞きましたが、なぜかアポロンはその問いには答えず、恐ろしい神託を彼に与えました。

「お前は父親を殺し、自分の母と結婚するであろう。そして、あってはならぬ子どもをつくることになる。それを避けたければ、決して故郷に近寄らないことだ」

それがポリュボスとメロペーのことだと思い込んだオイディプスは、両親が生きている間は二度とコリントスへ戻るまいと決心し、二頭立ての馬車に乗ってテバイへ向かいました。

テバイはオイディプスの実の父と母が暮らすところでしたが、彼はそのことを知る由もありませんでした。にもかかわらず彼がテバイへ向かおうとしたのは、旅人を襲うスピンクスという怪物を退治すれば、ばく大な財宝がもらえるという話を耳にしたためでした。しかもテバイの王ライオスには嫡男がおらず、スピンクスを退治することができた英雄なら、王位の継承も夢ではないという話でした。王としてテバイで暮らすことになれば、コリントスの父と母に危害を及ぼすこともないだろうと考えたのです。

旅を始めて間もなく、彼は裕福そうな男が乗る立派な馬車とはちあわせしました。道は狭かったものの、どちらかの馬車が端に寄ればギリギリすれ違えるような状況でした。

「ほらっ、さっさと端に寄れ！」

裕福そうな馬車を操っていた御者がこれほど高飛車に命じなければ、オイディプスは喜んで道を譲ったでしょう。しかし、もはやその気持ちはなくなりました。

「うるさい！　貴様の方こそ端によるがいい。さもないと痛い目にあうぞ」

するとと御者が馬車から飛び降りました。オイディプスは道を譲ってくれるのかと思い悠長に構えていましたが、その御者はいきなり剣を抜いて彼の馬を二頭とも斬り殺してしまいました。

「な、なにをするのだ！」

激高したオイディプスは馬車を飛び降り、目にも留まらぬ速さでその御者から剣を奪うと、彼だけではなく裕福そうな男とその家来らしい二人の男まで瞬く間に斬り殺してしまいました。

その後、オイディプスは相手の馬車から馬を奪い、死んでしまった自分の馬と交換してそこを立ち去りました。

実は、このときオイディプスが斬り殺してしまった裕福そうな男は、ライオスでした。お忍びで旅をしていたので、オイディプスは相手がテバイの王とは思わなかったのです。

こうして、ライオスはペプロス王がかけた呪い通り、我が子に殺されてしまいました。またオイディプスも、「お前は父親を殺すだろう」というアポロンの恐ろしい神託を実践してしまったのです。ただし、二人とも呪いと神託が実現したことには気付いていませんでした。

スピンクスは大きな翼を持つ獅子の身体に女の顔を持つ恐ろしい化け物でした。この怪物は旅人に謎を出し、それが解けない者を食らっていました。そのため、旅人やキャラバン隊に避けられるようになったテバイは衰退の一途をたどっていました。

オイディプスは、スピンクスに出合うと言われる道をわざと使ってテバイへ向かっていました。すると予想通り、彼の前に恐ろしい姿のスピンクスがあらわれました。

「お前に問う。朝は四つ足、昼は二本足、そして夜になると三本足になる生き物とは何か」

スピンクスの謎とはこのことでした。

オイディプスはすぐさま閃《ひらめ》き、

「それは人間だ。幼い頃はハイハイして歩いているが、やがて二本足で歩くようになる。そして、老いると杖をついて三本足で歩くのだ！」

この謎を解ける人間などこの世に存在しないとみくびっていたスピンクスは、驚きと絶望で生きる望みを失い、崖から飛び降りて死んでしまいました。

スピンクスが退治されたという話は瞬く間にテバイに届きました。さぞかし歓待されるだろうと期待してオイディプスはテバイに向かいましたが、町は静まりかえっており、彼を迎えたのは国王の側近数名というありさまでした。

「歓待されると思っていたのだが……」

オイディプスが戸惑っていると、側近の一人が静々と語り始めました。

「あなた様がスピンクスを退治してくださったことに関しては、心より感謝しております。しかし……その吉事と同時に、王が何者かに殺されるという凶事が同時に起きてしまったのです」

「テバイ王が殺されたですって！」

自分が殺したとは微塵も思っていないオイディプスは、驚き嘆きました。

「しかし、御心配なさらないでください。お約束通り褒美は差し上げますし、気が済むまで王宮でお休みいただいてけっこうでございます」

恐ろしい事実を知らぬまま、自ら手にかけたライオスの葬儀に出席することになったオイディプスは、喪服に身を包んだ美しい女性に目を奪われました。それは、ライオスの妻イオカステでした。彼女は少なくとも彼より二十歳近く年上でしたが、とてもそうとは思えない幼い顔立ちをしていました。

葬儀が終わった後、オイディプスはイオカステと言葉を交わすチャンスを得ました。

「あなたのようなお美しい妃を残して先立たれたライオス王は、さぞかし心残りだったでしょう」

オイディプスがイオカステの手に接吻をすると、彼女は涙を浮かべながらも笑みを見せてくれました。その笑みは柔らかなものでしたが、オイディプスにはまるで鎖のように思えました。その鎖は彼の心と身体をがんじがらめにし、彼女に縛りつけたのです。

王宮に留まっていたオイディプスは、イオカステとの関係を次第に深めていきました。そしてある夜、ついに二人は身体を合わせてしまったのです。

その日はイオカステと側近たちの間で、空席になっている王位をどうするかという難しい会議が開かれていました。

「いちばん簡単な方法は、イオカステ様が新しい夫を迎えることです」

長い議論が続いた後、側近の一人が発言し、周囲の者たちも大きく頷きました。

「夫が亡くなってまだ間もないというのに、そのようなことは考えられません！」

イオカステが不愉快そうな顔でこう言うと、会議は終わりを告げました。

側近たちの望みが、イオカステのオイディプスに対する気持ちを後押ししたのかも知れません。彼女は夕食会の後、オイディプスの耳元で、「私の部屋へいらしてください」と囁きました。

オイディプスがイオカステの部屋を訪ねると、彼女はすでに部屋着に着替えていました。

「カーテンを閉めてくださるかしら」

オイディプスが言われた通りにして振り返ると、イオカステはガウンを脱ぎ捨てベッドに横たわっていました。

オイディプスは当たり前のように彼女に寄り添うと、長い接吻を交わしました。

その間も二人は手を動かし続け、接吻を終えたときにはともに生まれたままの姿になっていました。

「私はあなたの母親のような年齢よ。それでもよろしいのかしら」

と、イオカステがたしかめるように言いました。しかし、彼女の身体は十代の少女のような硬さと張りを保っていました。しかも、贅肉ひとつついていないスリムな身体は、まるではじめからオイディプスに合わせて神がつくったように彼の身体に心地よく吸いつきました。

「このように美しく若い母親がいたら、やはり同じことをしていたでしょう」

「まっ、罪深いことを仰るのね」

二人は冗談のつもりでしたが、これは恐ろしい事実でした。しかし、知る由もない二人は互いに相手の身体を貪り始めました。

オイディプスはかたちのよい乳房に唇をつけ、イオカステはその快感に耐えるため彼の腕に歯を立てました。そして、お互いが相手の太ももの間に手を伸ばしてゆっくりと動かし始めました。

「あっ、あん……」

その声を聞いたオイディプスは少し驚いて、「初々しい方ですね」と耳元で囁きました。

「……夫はあまり愛してくださらなかったから。だから……ゆっくりお願い」

イオカステは恥ずかしそうに答えました。

実際には「あまり」ではなく、ライオスと愛を交わしたのは、あの夜の一度きりでした。しかし、そこまで正直には言えませんでした。

「こんな美しい女《ひと》なのに……」

オイディプスは十代の幼い娘にするように優しい愛撫を続けました。次第にイオカステの息づかいが激しくなり、小さな唇から言葉にならない声が漏れ始めたので、オイディプスは彼女の細く長い太ももを広げ、ゆっくり中へ入っていきました。

それから数カ月後、オイディプスは正式にイオカステの夫になりました。彼はイオカステよりもかなり年下でしたが、恐ろしいスピンクスを退治した英雄ということで、普段は口うるさい側近たちも即座に納得し、オイディプスはテバイの王の座に就くことになりました。

その後、オイディプスはイオカステとの間に四人の子どもをもうけました。つまり、「お前は父親を殺し、自分の母と結婚するであろう。そして、あってはならぬ子どもをつくることになる」というアポロンの神託がすべて成就したということでした。

それから長い月日の後、オイディプスは自分が犯した恐ろしい罪を知ることになります。恐れおののいたオイディプスは、父が自分の踵を貫いたときに使ったようなピンを使い、自らの目を刺して視力を失いました。そして王位を退き、母子相姦の末に生まれた罪深い子の一人アンティゴネとともにテバイを後にしました。

しかし、彼らが安住できる場所はどこにもありませんでした。なぜなら、この二人が犯した恐ろしい所業を知らない者はどこにもいなかったからです。

やがて、「オイディプスを留まらせると災いが起きる」という噂がギリシャ全土に広まったため、二人は命が尽きるまで諸処を放浪し続けました。

Episode 9

処女神アルテミスをのぞき見たアクタイオンの物語

ゼウスにはレトという従妹がいました。彼女はアフロディテやヘラに勝るとも劣らない美貌の持ち主でした。たとえ従妹とはいえ、そのような美しい女神のことをゼウスが見逃すはずはありませんでした。事もあろうに彼はレトを愛人にしたのです。最初は嫌がっていたレトも、ゼウスが発する男の魅力には抗うことができず、次第に自分の方から「逢いたい」と言うようになっていきました。

二人が交わるのは、山の洞窟や誰もいない森の中でした。それは嫉妬深いヘラの目から逃れるためでしたが、そのような場所では交わりの余韻に浸ることもできず、お互いに不満が募っていきまし

た。そこでゼウスはヘラに内緒で屋敷を借り、レトを住まわせることにしました。

その屋敷へ行けば、いつでも美しいレトに会えることになり、ゼウスは大満足でした。レトの顔を見た途端、ゼウスは猛々《たけだけ》しい男に変わり、激しく接吻しながら彼女をベッドに押し倒すのでした。

洞窟や森とは違う心地よい空気の中でゼウスがレトの柔らかな肌に指を這わせていると、次第に彼女も身体を熱くして男に手を伸ばします。そして、ゼウスがレトに覆い被さり、二人はひとつになるのでした。

ゼウスは全知全能の神でしたが、時間を伸ばしたり戻したりすることだけはできませんでした。そのため、レトと一緒にいる時間が増えれば増えるほど、ヘラとの時間は減りました。

そのせいでしょうか、ヘラの態度が冷たくなったような気がしてなりませんでした。しかし、その責任がすべて自分にあることは明らかでしたし、最近外出がちな理由を言うわけにもいかなかったため、放置するしかありませんでした。こうして、ゼウスとヘラの関係は次第に険悪になっていきました。

そして、ついにヘラの怒りが爆発するときが来ました。

「愛人が妊娠した」

きっかけは、ゼウスがこう告げたことでした。当然、ヘラは激怒して顔をまっ赤にしました。

「いつかそう言い出すんじゃないかと思っていたのよ！　あなたが浮気をするのは大目に見ましょう。でも、子どもをつくるというのは絶対に許せないわ。相手はどの女神なの？　正直に仰い！」

ヘラが愛人の妊娠に激怒したのは、ゼウスの正妻ながら出来のよい子どもを一人ももうけていなかったためでした。息子のアレスは野蛮な男で、アフロディテと浮気をして神々の前で辱めを受けましたし、そのアフロディテの夫だったヘパイストスは神とは思えないほど醜い姿で、産んですぐにヘラ自らが下界へ捨ててしまったほどでした。また、エイレイテュイアとヘベという二人の女神は、オリンポスの十二神にも選ばれていない役立たずでした。

ヘラが愛人やその子にひどい罰を与えたり呪いをかけることを知っていたので、ゼウスはレトの名を明かそうとしませんでした。しかし、ヘラにも強力なコネがありましたから、やがてレトの名前と住まいを突き止められてしまいました。ヘラはレトを訪ねると、恐ろしい形相で呪いの言葉を口にしました。

「すべての土地に、お前が出産する場所を与えてはならないと命じてやったから、どこへ逃げても無駄よ。といって、ここに留まるのも得策とは言えないわ。なぜなら、ピュトンに『お前を食らえ！』と命じたからよ。覚悟しなさい！」

ヘラが姿を消すと、それと入れ替わりに巨大なヘビの怪物があらわれました。このヘビの怪物がピュトンでした。すでに大きなお腹を抱えていたレトは、鳥の姿に変身して辛うじてピュトンの攻撃から逃れました。しかし、どこへ行ったところで子どもを産むことができないレトは、ただ空を彷徨《さまよ》うしかありませんでした。

そのとき彼女は、オルテュギア島（うずら岩）のことを思い出しました。その島は世界中の海を漂う浮島でした。固定されていないその島なら、ヘラの呪いも通じないだろうと考えたのです。

いつ破裂してもおかしくないほど大きなお腹を抱えてオルテュギア島になんとかたどり着いたレトは、難産の末、まずアルテミスを産み落としました。そして、アルテミスは生まれるとすぐに母のお産を助け、弟のアポロンを得ました。

嫉妬深いヘラも、さすがに浮島の存在には気付きませんでした。おかげでアルテミスは少女となり、実の父であるゼウスと会うことになりました。

アルテミスはまだ幼かったものの、レトの面影を引き継いだ美しい乙女に育っていました。しかし、その美しい笑顔からは想像できないほどしっかりした考えの持ち主でもありました。ゼウスは初対面で、それを思い知ることになりました。

「なにか欲しいものはあるか？　なんでも望みを叶えてやるぞ」

ゼウスのこの何気ない一言が、今後のすべてを決めることになりました。アルテミスが求めたのは予想外のものでした。

「私は、母がヘラ様に迫害されるのを目の当たりにいたしました。しかし、そのことに関してヘラ様に恨みを言うつもりは一切ございません。なぜなら、悪いのはあなた様と浮気をした母なのですから」

苦虫を噛み潰したような表情を浮かべるゼウスに対し、アルテミスは平然と続けました。

「私はあのようなひどい目にあいたくありませんし、他の女性を悲しませたくもありません。そのため、私が永遠の処女でいることをお許しください。一生、男性とは交わりたくないのです」

「望みを叶えてやる」と言ってしまった以上、アルテミスの願いを聞かないわけにはいきませんでした。しかたなくゼウスは、

「ああ、わかった……」

と言って、彼女が生涯男と交わらないことを許しました。

「もうひとつ、お願いがございます」

「な、なんだ。言ってみなさい」

「私の身の回りを世話してくれる侍女が欲しいのです。もちろん、彼女たちも美しい処女にかぎります。一〇〇人ほど揃えていただけると嬉しいのですが……」

「……一〇〇人は無理だが、八〇人くらいならなんとかしよう」

「まぁ、ありがとうございます。一生感謝いたしますわ」


こうしてアルテミスは、侍女たちとキタイロン山の麓に広がる森で暮らし始めました。粗暴な男がいないことと、美しい処女たちに傅《かしず》かれる生活は心地よいものでしたが、ひとつだけ困ったことがありました。それは、ときおり身体が快感を求め

てうずくということでした。

その気になれば、ときたま森へやってくる猟師を捕まえ、その精気を貪ることもできましたが、男の汗の臭いは欲求よりも不快感が先に立ち、とても実行に移す気にはなれませんでした。

そこでアルテミスは、侍女を愛することで快楽を得始めました。毎夜、一人ずつ侍女をベッドに招き、処女の身体を貪ったのです。

ある夜、アルテミスの愛撫を受けることになったのはアレシアというスレンダーな侍女でした。

アルテミスはアレシアにたっぷりの酒をすすめると、ベッドに寝かしつけました。しばらくしてアレシアが寝息を立て始めると、アルテミスは彼女の下着に手を入れ、太ももの間でゆっくりと動かし始めました。

このときアレシアは不思議な夢を見ていました。それは、アルテミスと交わっている夢でした。

「アルテミス様は女神だし、私も女。そんなことあり得ないわ」

と思いながらも全身を快感が貫き、あえぎ声が漏れました。そして、そのあえぎ声でゆっくりと意識が戻っていったのです。細目を開けると、ぼんやりした視界の中にアルテミスの美しい笑顔が息がかかるほど近くにありました。

「えっ、アルテミス様……」

アレシアは辛うじて言葉を呑み込み、寝たふりをすることにしました。

処女にもかかわらず、アレシアの泉はアルテミスの指にはっきり反応し、すぐに満ち溢れました。それでも指を動かし続けていると、薄い唇がそっと開き「んんっ」という声が漏れ、腰がかすかに浮き始めました。

「もう少しね」

そう言ってアルテミスは指を滑らせ、さらに敏感な部分をこすり始めました。アレシアの白い肌が見る間に紅潮し、身体が弓なりに反りました。そして「うっ」という声をあげたかと思うと、アレシアの身体から瞬く間に力が抜けていきました。

「どうでしたか？　心地よかったでしょう」

と、アルテミスがアレシアに声を掛けました。アレシアが目覚めていることに気付いていたのです。アレシアは恥ずかしさのあまり目を開けられず、ただそっと頷いただけでした。すると、唇に柔らかなものが触れました。驚いてアレシアが目を

開けると、それはアルテミスの唇でした。アレシアは緊張と恐怖のあまり、唇を固く閉じました。するとアルテミスの唇が離れ、

「大丈夫だから、力を抜いて」

と、優しく囁きました。拒否すると恐ろしいことが起きるような気がして、アレシアはけんめいに力を抜きました。するとアルテミスの唇が再び重なり、舌が差し込まれました。

「チュッ、チュッ」

口から溢れ出た泉で二人の唇は濡れ、恥ずかしい音が部屋中に響きました。アレシアは耳を塞ぎたくなりましたが、アルテミスはまったく気にしていないようでした。そして唇を重ねたままアレシアのこぶりな胸に触れると、もう一方の手を再び太ももの奥に伸ばしました。

「お……お願いですから、もう許してください」

アレシアは懇願しましたが、アルテミスの手が止まることはありませんでした。

「あっ、あぁ……」

懇願が快感の声に変わるのがアレシア自身にもわかりました。恥ずかしさのあま

りアルテミスの手から逃れようとしましたが、なぜか身体は言うことをきかず、そのまま快感を受け入れ続けるしかありませんでした。

そして、二度目の絶頂を味わわされたアレシアは、ベッドの上で脚を大きく広げたまま意識を失ってしまいました。

しばらくして目が覚めると、アルテミスがアレシアの髪を撫でていました。

「美しい髪ね」

「あ、ありがとうございます……」

場違いな答えを聞いたアルテミスは笑顔を浮かべながら、こう言いました。

「あなたにお願いがあるの」

「あっ、はい……なんでしょうか。私にできることでしたら……」

「今、あなたにしたことと同じように、私にしてほしいの。ねっ、お願い」

こうしてアルテミスは、八〇人の侍女たちに自らを喜ばすテクニックを教え込み、毎夜快楽を得ていたのでした。

ところで、アルテミスたちが住んでいるキタイロン山麓の森は、鹿やクマ、キジなどが多数生息する自然豊かな場所でした。そのため、猟師たちがしばしば狩に訪れました。男嫌いのアルテミスと侍女たちは、猟師たちが近づくと猟犬も気が付かないほど静かにその場を離れ、彼らと接触しないように注意していました。

猟師たちの方も「この森には男嫌いのアルテミスという女神が住んでいる」という伝説を信じ、森の奥には近寄らないようにしていました。

しかし、お互いがこれほど気を使っていたにもかかわらず、今までに二度、猟師との接触事故が起きていました。

アルテミスと侍女たちは、森のあちこちに流れる川や清らかな泉で沐浴《もくよく》するのが日課になっていました。誰もがこの沐浴を楽しみにしていたため、どうしてもこの時間だけは見張りがおろそかになりました。そのため、猟師が近づいてくることに気付きにくかったのです。

一度目は、クレタ島からやってきた若い猟師のシプロイテスとの接触でした。獲物を求めて森を彷徨っていたシプロイテスは、若い女たちの笑い声に誘われて泉へやってきました。すると、たくさんの若い女たちが白い肌を晒して泉で戯れているではありませんか。

「あっ！」

シプロイテスが驚いた声を出すと、女たちの視線が一斉に刺さりました。恐ろしくなったシプロイテスはそこから逃げ出そうとしましたが、あっという間に素っ裸の侍女たちに取り囲まれて捕まり、アルテミスの前に引きずり出されました。

「お前はなにを見た？」

アルテミスが一糸まとわぬ姿のまま仁王立ちになり、哀れな猟師に問いただしました。

「お、お助けください。なにも見ておりません」

シプロイテスは顔を伏せたまま答えました。

「私たちが沐浴していたところをのぞき込んだであろう。女神の裸をのぞき見た者に、どのような恐ろしい罰が与えられるか知っているか！」

「の、のぞき見ただなんて、とんでもないです！　私はただ、獲物を探していただけでございます」

「顔をあげて、こちらを見なさい！」

「え、遠慮申し上げます」

「なぜだ」

「女神様のことを直視するなんてできないからです。どうかお許しください」

言っていることが事実のようでしたし、シプロイテスは若年でもありました。そのため、アルテミスは手心を加えて罰を下すことにしました。

「お前は、たった今から女になるのだ！」

アルテミスがそう言うと、シプロイテスの顔からヒゲが抜け落ち、髪の毛がずんずん伸びていきました。そして胸が膨らみ、そのかわりに股間のものはしぼんでやがて消えてしまいました。

「えっ、どうなっているの！」

シプロイテスは自分の身体に起きた変化に戸惑い、声をあげました。しかし、その声も自分のものとは思えないほど甲高いものでした。

「な、なに、この声は！」

それは誰が聞いても女の声でした。戸惑っているシプロイテスの周囲を侍女たちが取り囲み、薄汚れた猟師の服をあっという間に引きはがしてしまいました。そして、一糸まとわぬ姿になった〝彼女〟のことを、侍女たちが泉に投げ入れました。

「男の薄汚い垢《あか》をすべて落とし、清らかな女になりなさい。その後で、私が女の喜びをじっくり教えてあげますよ」

アルテミスはシプロイテスの身体をなめ回すように見つめながら、こう言いました。

その後、シプロイテスはアルテミスから女の喜ばせ方をじっくり学び、彼女の侍女となりました。


二度目の接触事故を起こしたアクタイオンは、シプロイテスよりもはるかに厳しい罰を与えられました。

アクタイオンは太陽神アポロンの孫で、アキレウスと同様にケンタウロスのケイロンに育てられた英雄でした。

猟犬五〇頭とともに獲物を追ってキタイロン山麓に広がる森を彷徨っていたアクタイオンは、偶然、アルテミスが沐浴しているところを見てしまいました。しかし、彼は百戦錬磨の猟師だったため、女神の裸を見てもシプロイテスのように声をあげることはありませんでした。

　アクタイオンは木の陰にそっと身を潜め、アルテミスの沐浴をのぞきました。美しい裸身が露わになっており、雪のように白い肌にかかる水音がかすかに聞こえました。そして、泉のほとりに脱ぎ捨てられたドレスからは甘く心地よい匂いが漂ってきていました。
　視覚だけではなく聴覚と嗅覚まで刺激されたアクタイオンは、ズボンを下げ、熱くなった自分自身を握り締めました。そして、ゆっくり手を動かしながら再び泉に目をやると……そこには誰もいませんでした。
「ど、どこへ行ったんだろう……」

握り締めながら視線を横に向けると、なんとそこに一糸まとわぬ姿のアルテミスが立っているではありませんか。

焦ったアクタイオンは急いでズボンを引きあげようとしましたが、「そのままにしておきなさい！」という厳しい声で動きが止まりました。

「私の身体を見て興奮していたんでしょう。ほら、見せてあげるから続けなさい。精液がほとばしるのを見せてちょうだい」

と言うと、アルテミスはお尻をつき脚を大きく広げました。美しい女神の秘部を見せられた途端、うなだれていたアクタイオンの男が元気を取り戻し、凶暴な姿となりました。アルテミスは、男の薄汚い視線が身体中に突き刺さるのを感じながら、身体をくねらせせました。

すると、アクタイオンの手の動きが急に速さを増しました。そして、足先をピンと伸ばすと、白い液体をほとばしらせました。

アクタイオンは余韻に浸っていましたが、アルテミスはさっさと立ちあがり、吐き捨てるように言いました。

「なんという汚らわしさでしょう。お前は人間でいることすら勿体ないヤツだわ。

これがお似合いよ！」

頭に激痛を感じたアクタイオンが手をやると、なんとそこから角が生え始めているではありませんか。それは見る間に伸び続け、やがて鹿の角が形作られると、彼の手足は蹄《ひづめ》に変化し、全身が栗色の毛で覆われました。

「な、なにが起きているんだ！」と、アクタイオンは叫んだつもりでしたが、それは鹿の鳴き声にしか聞こえませんでした。

その鳴き声が、彼の連れていた五〇頭の猟犬を刺激しました。それまで大人しくしていた犬たちが一斉に吠え始め、さっきまで飼い主だった大きな鹿に襲いかかったのです。

「や、止めろ。止めてくれ！」

この声も、犬たちには鹿の悲鳴にしか聞こえませんでした。犬たちはますます興奮して鹿の腹を食い破り、内臓を貪りました。そして、それにありつけなかった犬たちは四本の脚を引っ張り合い、鹿の身体をバラバラに引き裂いてしまいました。

Episode

10

性の教団の教組となったディオニソスの物語

テバイにセメレという美しい王女が住んでいました。セメレはアフロディテの孫ですから、美しいのは当然でした。アフロディテの血を引く美女がいると聞き、ゼウスはいてもたってもいられなくなりました。そこで、ヘラの目を盗んでテバイへ行くと、若い男に姿を変えてセメレの寝室へ忍び込みました。彼女はすでにベッドに入っていまし

たが、人の気配を感じて飛び起き、ランプをつけました。すると、ベッドの横に上半身裸の若い男性が立っているではありませんか。

「あ、あなたは誰？　どのようにして私の部屋へ忍び込んだのですか」

王宮は警備が厳重だったため、セメレは恐怖と同時に疑問を感じました。

「私はゼウス。神に不可能はない」

「ゼウス様！　全知全能の神が、そのように若く美しい男性の姿をしているとは知りませんでしたわ」

ゼウスは少しうつむいて自分自身の姿をながめながら、

「これは仮の姿。お前が怯えないように変身しているのだ」

「ゼウス様がなぜ、私の部屋へ？」

「テバイに美しい娘がいると聞いたので会いにきたのだ。お前は噂通りの、いや噂以上の美貌の持ち主だ」

「まっ、美貌の持ち主だなんて……」

セメレは頬を赤く染めてうつむきました。彼女は他の若い娘と同じように、夢のような物語を思い描くのが好きでした。そして、いつか神に愛されたいと願っていました。その夢物語が思いがけず実現したことを知り、うっとりしていました。

「私を愛してくださるの？」

「ああ、それが目的でやってきたのだ」

ゼウスはベッドに近づくと、彼女の身体を覆っていた毛布をはぎ取りました。

「ちょっと待って！」

「どうした」

「……私からさせてください」

セメレが恥ずかしそうに言ったのでゼウスは黙って頷き、彼女の隣に身体を滑り込ませました。セメレがゼウスの肩に手を回し接吻をしてきたので、それに応じようと彼女の口をこじあけようとしました。すると、セメレが驚いて顔を離しました。

「な、なにをなさるの」

「なにと言われても……お前を愛そうとしただけではないか」

「愛するって、唇を合わせることではないのですか？」

箱入り娘として育てられてきたセメレは、男女の交わりのことをなにも知らなかったのです。

「愛するというのはこういうことだ」

ゼウスはセメレの上に馬乗りになると、ドレスのボタンを外し始めました。

「お、お止めください！」

セメレが手足をばたつかせたので、その拍子にボタンがはじけ飛び胸元が露わになりました。セメレの乳房はまだ小さかったものの、よい形のふくらみでした。ゼウスはそのふくらみを手で包み込み、柔らかな温もりを楽しみながらそっと動かし始めました。セメレは目に涙を浮かべながら、両手で胸を隠そうとしました。

そこでゼウスは両手首を掴んで押さえ込み、唇で乳房を吸い始めました。

「乱暴なことをなさらないでください！」

セメレはゼウスの腕から逃れようと必至にもがきましたが、自分の力ではとうてい敵いませんでした。そのことを思い知ると、やがて大人しくなりました。

手首を解放してやると、セメレは背中を向けました。小ぶりなお尻が露わになったので、ゼウスはゆっくり顔を近づけ、ふたつの丘の中心に舌を這わせ始めました。

「そ、そんなところ……汚い……」

「汚くなんかない。それどころか、よい香りだ」

恥ずかしさに耐えきれなくなったセメレはくるりと身体を反転させ、ゼウスに抱きついてきました。かすかに震えている彼女の身体を抱き締めながら、ゼウスは耳元で囁きました。

「今夜は、一晩中愛し続けてやろう」

セメレはなにも言わず、ゼウスの背中に回した腕に少し力を入れただけでした。それが「イエス」という答えであることは明らかだったので、ゼウスは後ろからお尻の間に手を差し入れ、ゆっくりと動かし始めました。若い茂みの奥があっという間に泉のように潤い、セメレは恥ずかしそうに声を押し殺しました。

「恐れることはない。私に身をまかせなさい」

ゼウスは半身を起こすとセメレの両脚を開き、一人の男も知らない茂みに下腹部を押しつけました。

「あっ！」

セメレは驚いたように目を見開き、全身をこわばらせました。

「力を抜きなさい。そうすれば、痛むのは最初だけ。あとは快楽の波が訪れるので、それに身をまかせればよい」

セメレが歯を食いしばりながら頷いたので、ゼウスはゆっくりと腰を動かし出しました。顎の力が次第に抜けていき、セメレは無意識のうちに声を漏らしていました。そして、抵抗しているのとは明らかに違った様子で身体を震わせ始めました。はじめて男を体験する若い娘の喜ぶ姿を見てゼウスの身体も熱くなり、彼女の身体を強く抱き締め腰を激しく動かし続けました。やがてセメレの身体が細かく痙攣し始めるとゼウスも耐えられなくなり、若く美しい娘の中で果てました。

その夜からゼウスは毎晩セメレの部屋にあらわれ、二人は激しく交わり続けました。当然のことながら、やがてセメレは妊娠しました。

父のカドモス王と母のハルモニア王妃は愛娘の突然の妊娠に驚き、セメレを問い詰めました。すると彼女は「ゼウス様のお子です」と言ったではありませんか。自身も神々と深い繋がりのあった二人は無垢な娘を汚された怒りを抑え、ゼウスの子を身籠ったセメレのことを祝福しました。

セメレがゼウスの子を身籠ったことは、ハルモニア王妃の母であるアフロディテを経てヘラの耳に入りました。夫が浮気をしていることを美のライバルから聞かされたヘラは、怒りのあまりセメレのことを焼き殺してしまいました。

セメレの身体は全身黒こげになりましたが、ゼウスの血を直接引いていた子どもの生命力は人間とは比べものにならないほど強力だったため、胎内で生きながらえていました。それを知ったゼウスは、ヘルメスに命じて子どもを彼女の胎内から取り出させると、自らの太ももに縫い込みました。そして、月が満ちると縫い目をほどいて取り出し、誕生させたのです。こうして生まれたのがディオニソスでした。


セメレの子が無事だったことを知ると、ヘラは探し回りました。そこでゼウスは、子どもをニュサという土地へ隠しました。そこで育ったディオニソスは、ブドウの栽培方法とワインの製造法を身につけ、ブドウとワインの神となりました。

ゼウスの浮気で生まれた子どもが神となったことを知り、ヘラはますます怒りを募らせました。そして、ついにディオニソスの居場所を見つけ、「狂人になれ！」と恐ろしい呪いをかけました。

ディオニソスは自らがどこを歩んでいるのか知らないまま各地を彷徨った末、フリギアというところへたどり着きました。そして、そこで大地母神キュベレに呪いを解かれ、さらにある宗教の奥義《おうぎ》を伝授されたのです。

ディオニソスはその宗教を発展させ、信女たちを完全に支配する術《すべ》を得ました。ディオニソスを教祖とあがめる信女たちは夜になると服をすべて脱ぎ捨て、そのかわりに子鹿の皮をはいで作った服を着、毒蛇を帯がわりにして踊り狂いました。踊るうちに信女たちは我を忘れ、欲望に囚われました。そして、その場に這いつくばってお尻を向け、茂みを露わにしました。

それまでおとなしく信女たちの様子を見ていたディオニソスは、ゆっくり立ちあがるとズボンを脱ぎました。そして、好みのお尻を選ぶと、柔らかく滑らかな肌を優しくさすった後、一気に貫くのでした。

「あっ！」

選ばれた信女は、一瞬驚いたような声をあげますが、それはすぐにあえぎ声に変わり、ディオニソスの恩寵をいただいたことを感謝しながら身体をびくびくと震わせて果てるのでした。

その間も周囲の信女たちは次の恩寵を期待してお尻を向け続けていました。一日に与えられるのは多くて一〇人。少ないときには七〜八人でしたから、さまざまな

方法でディオニソスを誘っていました。お尻を振る女、自ら茂みを開く女、そして泉を滴らせて準備が整っていることを知らせる女……。
しかし、そこまでしてもほとんどの信女は恩寵を得られませんでし

た。ディオニソスがすっかり果ててしまうと、信女たちは絶望した後、恐ろしい形相を浮かべて森の中へ駆けていきます。このときの信女たちは、人間とは思えないような怪力をあらわしました。そして熊や鹿など、本来ならとうてい捕まえることができないような大きな獣たちを一撃で倒し、血をすすり生肉を食らいました。

ディオニソスに仕えるこれらの信女たちは、バッカイ（ディオニソスの別名であるバッコスの信女たちという意味）と呼ばれ、男たちからはたいへん恐れられました。しかし、自由に生きるさまが女たちの目には魅力的に映ったため、次第に信女の数を増やしていきました。

アジア各地で信女を増やした後、ディオニソスは故郷のテバイへ戻ることにしました。当時、テバイの王に就いていたのはディオニソスの従兄弟にあたるペンテウスでした。ペンテウスはディオニソスの来訪を望みませんでしたが、彼らが近づくに連れ町の女たちは次々に信女となり、ついにペンテウスの母アガウェまでもがバッカイに加わってしまいました。

アガウェは毎夜、ディオニソスに向かってお尻を向け、淫《みだ》らな交わりを求めました。普段は女の顔などたしかめずに貫くディオニソスでしたが、叔母と交わりたいという禁断の思いを抑えきれなくなり、一人ひとりの顔をたしかめたうえでアガウェの白く大きなお尻を選びました。

若いディオニソスに思いきり貫かれたアガウェは、「あぁ……」という快楽の声をあげて前のめりになりました。しかし、ディオニソスが辛うじて彼女のお尻を押さえたため、一体感は保たれました。そして禁断の味を充分に楽しんだ後、ディオニソスとアガウェは果てました。

母をディオニソスに汚されたことを知ったペンテウスは激怒し、彼らを捕らえようとしました。ところが、いくら信女を捕らえて投獄しても、不思議なことに牢の扉が自然に開いて信女たちは自由の身になりました。

そこでペンテウスは、「切って捨ててよい！」と兵士たちに命じました。ところが、剣で切りつけても信女たちが怯む様子はなく、血の一滴も出ませんでした。しかも信女たちは怪力で、兵士たちは次々に投げ飛ばされたり足や腕をもがれていきました。

半数以上の兵士を失ったという報告を聞き、ペンテウスが途方に暮れていると、どこからともなくディオニソスがあらわれたではありませんか。

「おのれ、ディオニソス！」

ペンテウスが剣を抜こうとすると、ディオニソスが手で制しました。

「お待ちください、ペンテウス殿。これ以上戦ったところで結果は見えております。私の故郷でもあるテバイを滅ぼそうなどというつもりはございませんので、どうか剣をお納めくださいませ」

癪《しゃく》でしたが、たしかにディオニソスの言う通り、これ以上戦えばすべての兵士を失うのは時間の問題でした。

「本当に、我が国を滅ぼすつもりはないのだな」

「はい」

「では、その証拠を見せてみよ」

「承知いたしました。その証拠として、我が信女たちの淫らな行いをお見せいたしましょう」

「な、なにを馬鹿な……」

と言いながら、ペンテウスの心は揺れました。たくさんの女たちと一人の男が戯れる……男なら誰でも一度は経験してみたい淫らな交わりでした。それは一国の王であるペンテウスにも実現できないことだったので、彼はしばらく考えた末に、「案内してもらおう」と言ってしまいました。

不気味で不快な臭いの漂うバッカイの衣装を着せられたペンテウスは、ディオニソスに導かれて森へ入っていきました。

「ここに隠れてお待ちください。儀式は目の前で行われます」

森の中に広がる大きな広場の前に横たわる倒木のところまでくると、ディオニソスがそう言ったので、ペンテウスは頷いて身を隠しました。

それからしばらくして森が暗くなると、目の前の広場で松明《たいまつ》が焚かれ、無数の信女たちが踊り始めました。次第に踊りは激しくなり、やがて女たちは正気を失っていきました。そして、次々に這いつくばってペンテウスの方にお尻を向けました。

ペンテウスは、女たちのお尻の奥にあるものをたしかめようとしましたが、松明のあかりは揺らめいていたので、なかなか明らかになりませんでした。

「もう少し近づけば見えるかも知れない」

男だったら誰でも思いつく安易な考えがペンテウスの脳裏にも浮かび、彼はゆっくりと女たちのお尻に近づいていきました。

小さな岩陰に身を潜めながら、ずらりと並んだ白いお尻をながめると、先ほどまでは見えなかった淡い茂みが明らかになっていました。黒、茶、金、赤……さまざまな毛色で覆われた無数の秘部を目にしたペンテウスは、下腹部が痛くなるほど興奮していました。

信女たちはその恥ずかしい姿を崩さず、ディオニソスから恩寵を賜るのを待っていました。しかし、いつまで経ってもディオニソスはあらわれず、そのかわりに大きな声が森に響きました。

「お前たちとの神聖な交わりをのぞき見ている者がいる。そいつがいるかぎり、お前たちは私の恩寵を得ることはできないだろう」

その声を聞いた信女たちは、すぐに立ちあがり、周囲を見回しました。ペンテウスが隠れていた岩はあまりに小さすぎたので、すぐに見つかってしまいました。

「不潔なのぞき見野郎、懲らしめてやる！」

「八つ裂きにしてやるから、覚悟しろ」

「待て待て待て！」

信女たちが恐ろしい形相で迫ったので、ペンテウスは必死で逃れようとしましたが、あっという間に捕まってしまいました。

「ゆ、許してくれ。命だけは助けてくれ……」

先ほどまで信女たちが踊り狂っていた広場まで引きずられたペンテウスは、王らしからぬ情けない声で命乞いをしていました。しかし、ディオニソスの恩寵を受けられず怒り狂っている信女たちには、その声すら聞こえていませんでした。

「おや、この男、あそこを膨らませているよ」

一人の信女が、ペンテウスの下腹部を指さしながら言いました。

「私たちの神聖な交わりをのぞき見て、自分でやろうとしていたんだろう」

「い、いえ……」

「だって、こんなに興奮しているじゃないか！」

一人の信女が彼の股間を握り締めました。ペンテウスがその信女の顔をのぞき込むと、なんとそれはアガウェでした。

「お、お待ちください。私はあなたの息子です」

そう言っても、正気を失っているアガウェには通じず、彼女は握った手を上下に動かし始めました。

「ほらっ、気持ちいいだろう。さっ、果ててしまいな」

母に弄《もてあそ》ばれているとはわかっていましたが、アガウェの手の動きがあまりにも速かったため、ペンテウスはあっという間に果て、アガウェの手をひどく汚してしまいました。

「なんという不潔な男だろう。二度とこんな汚らわしいことができないようにしてやるよ！」

「ちょっとお待ちください。私は……」

言い終わるより前にアガウェに股間を思いきり踏みつけられました。

「うぎゃっ！」

ペンテウスはあまりの痛みに気絶してしまいました。

しかし、このとき気絶していて彼は幸せだったかも知れません。なぜなら、この悲鳴と男の淫らな臭いが引き金となり、信女たちはさらなる獣へと化したからです。もはや信女たちにとって、ペンテウスは獲物にしか見えませんでした。獲物を奪い合うように彼の両手両足を思いきり引っ張ると、激しい血しぶきが飛び散りました。そして、胴体だけとなった身体が地面に横たわると、女たちが一斉に飛びかかり、はらわたをすべて食い尽くしてしまいました。

Episode 11

牛と交わったパーシパエーの物語

フェニキュアにエウロペという美しい王女がいました。ゼウスはその王女にも目を付け、なんとか交わりたいと考えていました。しかし、末娘ということもあって守りは堅く、たとえゼウスといえども王宮内に忍び込むのは困難でした。

そこでゼウスは、エウロペが侍女と護衛の兵士を引き連れて海岸を散歩しているときに、白い牡牛に姿を変えて彼女に近づいていきました。

「まぁ、美しい牡牛ですこと」

侍女と兵士は止めるように言いましたが、その牡牛があまりにも人懐《なつ》っこかったので、エウロペは角や頭を撫でてやりました。すると牡牛が両脚を折り、招くように首を振りました。

「えっ、私を乗せてくれるというのですか?」

牡牛が頷いたので、エウロペは背中にまたがってみました。

すると、その途端に牡牛はものすごい速さで走り出し、そのまま海へ飛び込んで泳ぎ出しました。侍女は必死に牡牛の後を追い、兵士は槍を投げました。しかし、牡牛の泳ぎがあまりにも速かったため、侍女は行方を失い、槍は海に沈みました。

エウロペは何が起きたのかわからず、ただ必死に牡牛の角に掴まり続けていましたが、やがて陸地が見えてきました。

誰もいない砂浜に上陸すると、すぐさまエウロペは牡牛の背から飛び降り、牡牛を問いただしました。

「ここはどこなの。なぜ、私をさらったの？」

牡牛に答えられるわけがないことはわかっていましたが、聞かずにはいられなかったのです。すると、予想に反して牡牛が口をきいたではありませんか。

「ここはクレタ島だ。お前は私と交わる運命にある」

「えっ！　あなたと交わるですって？　私は人間の女で、あなたは牡牛。交われるわけがないではありませんか」

そう言い終わるより早く、目の前の牡牛が逞しい男に変身したのです。

「えっ！」

驚いたエウロペは後ずさりしました。

「怯えることはない。私はゼウスだ」

「ゼウス……あの、全知全能の神ゼウス様だというのですか?」

「その通りだ。この姿なら、私と交われるであろう」

「……そんなこと急に言われても、心の準備というものがあるではありませんか」

「準備などいらぬ。私に言われた通りにすればよいのだ」

「で、でも……」

そう言っている間にゼウスの手がエウロペの身体を捕らえ、引き寄せていました。

「お、お待ちください」

エウロペはその手を払おうとしましたがゼウスの力は強く、全身が密着して腹部に硬いものを感じました。

「お前は、自分の名を永遠に残したくないのか?」

ゼウスは窮屈な顔をしながら見上げているエウロペに言いました。

「えっ、どういうことですか?」

「私と交わることを受け入れれば、お前の名を永遠に残すと約束しようと言っているのだ」

どんなに高価なアクセサリーや大金を積まれても身体を許す気にはなりませんで

したが、「名を永遠に残してくれる」というのは、エウロペにとってかなり魅力的な申し出でした。

「まことでございますか」

「私はゼウスだ。全知全能の神に不可能はないし、嘘も言わない」

「……わかりました。それでは、あなたに身をまかせましょう」

ゼウスが腕の力を緩めると、エウロペは自らドレスを脱ぎ捨て、白い砂浜に横たわりました。

ゼウスは優しく胸への愛撫を繰り返しながら、次第に手を腰へと移していきました。納得したにもかかわらず、エウロペの手がそれを妨げようとしましたが、それでもゼウスは諦めず、手を下に滑り込ませて茂みへと近づいていきました。

いったん茂みに到達すると、エウロペはようやく諦めたようにゼウスの手を受け入れ、脚の力をゆっくりと抜いていきました。

はじめてだったにもかかわらず、エウロペの泉は激しく湧き出していました。ゼウスはその泉を指先で充分に味わった後、ゆっくりと入っていきました。

「はぁ……」

快楽ともため息ともつかない声がエウロペの小ぶりな唇から漏れ、彼女の身体はみるみる紅《くれない》に染まっていきました。

ゼウスはエウロペが上り詰めていくのを見届けながら自らも高めていき、ともに果てました。

この日の交わりで、エウロペはミノスという男の子を授かりました。その後もゼウスはたびたびやってきて、二人は交わりを続けました。そして、エウロペはラダマンテュス、サルペードーンという男の子をもうけた後、クレタ島の王アステリオスのところへ嫁いだのでした。

ちなみに、ゼウスがエウロペと交わした「名を永遠に残す」という約束は、ユーラシア大陸の西部と地中海に浮かぶ島々が「ヨーロッパ」と名付けられたことによって果たされました。

それからしばらくの後、アステリオス王が亡くなると、エウロペの長男ミノスが王位を要求しました。二男のラダマンテュスは「長男が王位を継承するのは当然のこと」と賛成しましたが、三男のサルペードーンが反対。ミノスがアステリオス王の実子でなかったことからそれに賛同する島民も多く、クレタ島に内乱が勃発しました。

ミノス派とサルペードーン派の戦いはいつまでも決着がつきませんでした。このままではクレタ島が荒れ果ててしまうと恐れたミノスは、敵味方に分かれて戦う島民たちに語りかけました。

「私は海の神ポセイドンに、『もし、私が正当な王位継承者だとお思いなら、立派な牡牛を深海から贈ってほしい』という祈りを捧げた。これが実現したら、私のことを王と認めてもらいたい」

すると突然、海が沸き立ち、大きな渦の中から美しい牡牛があらわれたのです。その牡牛は自ら泳いでクレタ島に上陸し、ミノスに頭を下げました。

ポセイドンが願いを聞き入れてくれたことが明らかになったので、島民たちは戦いを止めてミノスを王と認めました。そして、敗れ去ったサルペードーンは小アジアに逃れ、リュキア国の王となりました。

こうしてクレタ島の王の座を得たミノスでしたが、祈りのすべてを島民たちに伝えていたわけではありませんでした。彼は、「贈ってくださった牛は、生け贄《にえ》にして神々にお戻しいたします」とも誓っていたのです。

しかし、その牡牛があまりにも立派で美しかったため、神々に返すのが惜しくなってしまいました。そこでミノスは、よく似た牡牛を生け贄としました。

「これで、万事丸く収まるはずだ」

ミノスは楽観的に考えていましたが、ポセイドンにはすべてお見通しでした。

「約束通り、王位継承ができるように後押ししてやったというのに、神との誓いを破るとは言語道断！」

怒ったポセイドンは、その牡牛を凶暴な性格に変えると同時に、ミノスの妻パーシパエーがその牡牛に恋情を抱くような呪いをかけました。

それからというもの、パーシパエーはこの牡牛のことが気になってしかたありませんでした。しかも、ただ牡牛のことを可愛がりたいとか、背に乗りたいというのではなく、交わりたい気持ちで一杯でした。

その思いを果たそうと、パーシパエーは牡牛が放たれているゴルチェスの牧場へ何度も足を運びましたが、ポセイドンの呪いによってすっかり凶暴になった牡牛には近づくことすらできませんでした。

身体の火照りに我慢できなくなったパーシパエーは、遠くからその牡牛をながめながら手を胸と股間に伸ばしました。そして、指先が触れるか触れぬかくらいの柔らかさで、胸と股間の突起を刺激しました。そうするうちに立っていられなくなりへなへなと座り込みました。それでも指先は別の生き物のように動き続け、敏感な場所を刺激し続けていました。

「ねえ、こっちへ来て……」

誘いの言葉を口にしても牡牛は見向きもしてくれませんでした。焦《じ》らされているような気分になり、たまらず身体をくねらせました。

「お願いだから、ちょうだい。ねぇ、早く……」

ミノスには一度も口にしたことのない恥ずかしい言葉を呟きながら彼女は頂点に達し、地面にぐったり横たわりました。


焦らされる日々に耐えきれなくなったパーシパエーは、お忍びでダイダロスの工房を訪れました。ダイダロスはアテナイの名工匠でしたが、誤って弟子の命を奪ってしまったため、クレタ島に逃れ保護されていました。

「お前に頼みがあります……」

「命の恩人であるミノス王の奥方の頼みでしたら、なんなりとお申しつけください。できるかぎりのことはさせていただきます」

「実は……牡牛と交わるための道具を作ってほしいのです」

風を受けて海原を飛ぶように走る船、見上げるほど大きな神像……今までさまざまなものを作ってきたダイダロスでしたが、さすがにパーシパエーのこの依頼には驚かされました。

「お、牡牛でございますか……」

ダイダロスに真顔で聞き返されたので、パーシパエーは顔をまっ赤にしてうつむいてしまいました。

「……その通り。牡牛です」

「しかし……なぜ……」

「なぜなのかは私にもわかりません。ある日突然、あの牡牛……ミノス王がゴルチェスの牧場で飼ってらっしゃる美しい牡牛に恋をしてしまったのです。私は……あのどう猛な牡牛に後ろから襲われ、貫かれることしか考えられないのです。だから……お前の技術で、どうか私に思いを遂げさせておくれ」

「ご、ご冗談ではございませんよね」

王女ともあろう者が牡牛と交わりたいとは……。ダイダロスが問いただしたくなるのは当然のことでした。

「冗談でこのような恥ずかしいことが言えると思いますか？　私は、恥を忍んで頼みに参ったのです。その気持ちを汲みなさい！」

たしかにパーシパエーの言葉には必死さがこもっており、逆らえるものではありませんでした。

「承知いたしました。できるかぎりのことはさせていただきます」

その日から、ダイダロスは牝牛の像を作り始めました。像といっても、牡牛が実際に交尾できなければならないため、かなりの大きさが求められました。しかもその内部には、パーシパエーが潜む空間も設けなければなりませんでした。

ダイダロスは一カ月ほどかけて大木を巧みに組み合わせ、牝牛の身体を作りあげました。そして、周囲にはできるだけ白い牝牛の皮を張り、目にはかすかな光でも輝くように黄金をはめ込みました。さらに魅力を引き立たせるため白く美しい象牙で角を作りました。あとは内部の仕上げを残すのみでしたが、それにはパーシパエーの協力が欠かせませんでした。

「ご依頼の品が間もなく完成いたしますが、その前にご確認いただきたいことがございます。つきましては、工房に足を運んでいただきたく存じます」

ダイダロスから手紙を受け取ったパーシパエーは、期待に胸を膨らませて工房を訪ねました。木造の牝牛像を目の当たりにしたパーシパエーは、それだけで身体の内側が熱くなりました。

「素晴らしい出来だわ」

パーシパエーは潤いのある笑顔で賞賛しましたが、ダイダロスは浮かない顔です。その顔を見て、彼女は手紙に「ご確認いただきたいことがある」とあったことを思い出しました。

「私に確認してほしいこととはなんですか？」

「それが……申し上げにくいことなのですが……」

「いいから、遠慮なく仰いなさい」

ダイダロスは目を合わさずに言いました。

「裸になり、この像の中へ入ってみていただきたいのです。きっちり位置を合わせませんと、パーシパエー様が、思いを遂げることができませんので……」

職人の前で王女が裸になることなどあり得ませんでしたが、思いを遂げるためとあれば、やむを得ませんでした。なにも言わずパーシパエーは服を脱ぎ始めたので、ダイダロスは牡牛と交わることを望む女の身体を見たいという気持ちを必死に抑えながらうつむきました。

「どうすればよいのですか」

ダイダロスが目を上げると、パーシパエーが一糸まとわぬ姿で立っていました。

「牝牛の背にある蓋を開けますと中に入れるようになっておりますので、四つん這いになってお入りください」

「わかったわ」

パーシパエーは言われた通りに四つん這いになって牝牛の像の中に入りました。まだ像のお尻の部分は組みつけられていなかったため、パーシパエーは無防備な姿で秘部を晒すことになりました。

「そのまましばらくじっとしていてください」

ダイダロスは少し声をうわずらせていました。女王という地位の高い女が目の前で恥ずかしい姿を晒していることで、ひどく興奮していました。さらに、本来なら絶対に目にすることができない〝部分〟が露わになっていることも興奮に拍車をかけました。

パーシパエーも「この姿で待っていれば、あの牡牛に貫いてもらえるのだ」と思ううちに興奮して全身を紅潮させました。そして、露わになっているとわかっていながら、泉を溢れさせずにはいられませんでした。

パーシパエーの秘部と像のお尻の位置を合わせるうち、ダイダロスはそこが熱く溢れていることに気付きました。下腹部に血が集まるのを感じ、触れてみたいという衝動に駆られたダイダロスは、「位置合わせのためでございます。無礼をお許しください」と言って、像の外から指を差し入れました。

牝牛の像の中から「あぅっ……」という声が漏れ、指はなんの抵抗もなく濡れた泉の中に沈んでいきました。

こうして何度も何度も位置合わせを繰り返した後、ようやく作業は終了し、期待で身体を熱くした女と女王の秘部を指先で味わった男は、再び異なる世界へと別れていきました。

数日後、像が完成したという連絡をダイダロスから受けたパーシパエーは、密かに王宮を抜け出してゴルチェスの牧場へ行き、牝牛の像の中に身を潜めました。像の足には車輪が付いていたため、鼻先に結んだロープを引けば、まるで生きた牛のように見えました。

ダイダロスがゆっくり牝牛の像を引き続けていると、例の牡牛がそれを見つけ、近づいてきました。牡牛が両脚の間に血を集中させると、太く逞しい棍棒が露わになりました。凶暴な性格は精力旺盛な証でもあったので、牡牛はすぐさま牝牛の像の後ろから馬乗りになり、その逞しい棍棒を像の穴に射し込みました。位置合わせは完璧でしたから、その棍棒はそのままパーシパエーの身体を貫きました。

最初に感じたのは、喜びではなく激痛でした。それは、あまりにも激しく大きな貫きの代償でした。

「うっ……」

歯を食いしばり下半身を襲う痛みに耐えていると、次第に身体がしびれてきて痛みを感じなくなっていきました。そして、痛みのかわりに震えるような快感が襲ってきました。

赤く熱せられた鉄柱が前後に動き続けるのを味わっていると、やがて小刻みな痙攣が伝わってきて熱いものが体内に注がれるのを感じました。

たった今、自分の中であの牡牛が果ててくれた……その感覚がパーシパエーの全身に伝わり、彼女自身も行き果てました。

こうして思いを遂げることができたパーシパエーでしたが、それは恐ろしい結果をもたらしました。パーシパエーはこの牡牛の子を身籠ってしまったのです。しかも、

月が満ちて生まれてきたのは、牛の頭を持つ怪物ミノタウロスでした。ミノスは、この恐ろしい怪物と汚らわしい交わりを楽しんだパーシパエーを封じ込めておくための迷宮をダイダロスに作らせました。

迷宮が完成すると、なんとミノスはミノタウロスとパーシパエーだけではなく、ダイダロスとその息子のイカロスまでも封じ込めてしまいました。彼がパーシパエーの汚らわしい交わりに手を貸したことを知ったからでした。

しかしその後、ダイダロスはイカロスとともに人工の翼を作りあげ、この迷宮から脱出することに成功しました。二人はシチリア島へ向かいましたが、その途中でイカロスは父の命に背いて太陽に接近しすぎたため、翼を固めていた鑞《ろう》が溶け、海に墜落して命を失いました。

Episode

12

アマゾネスの女たちとヘラクレスの物語

テバイのアルクメネはミュケネの王エレクトリュオンの娘でした。つまり人間の女性なのですが、女神と並んでもまったくひけを取らない美貌の持ち主でした。肌は透き通るように白く、腕や脚はのびやかでした。

彼女が物思いに耽《ふけ》っているときは周囲の人たちの誰も口をきけなくなるほどの魅力を放ちましたが、決して冷たいわけではなく、その笑顔はひどい悲しみを抱えている人の心でも容易に解かす暖かい太陽のような女性でした。

そのような美しく魅力的な女性のことを、ゼウスが見逃すはずはありませんでした。ゼウスは美しい美男子に化けたり、逞しい戦士に化けるなどして何度もアルクメネの前にあらわれ、誘惑を繰り返しました。ところが、まったく相手にされませんでした。彼女は婚約者のアンピトリュオンを心から愛しており、彼を裏切って他の男性と交わることなど思いも寄らなかったのです。

しかし、そのくらいのことで美女との交わりを諦めるゼウスではありませんでした。彼がじっと機会を窺《うかが》っていると、アンピトリュオンがアルクメネを残して戦争に出かけることになったのです。

アンピトリュオンは出征の前夜、アルクメネに、

「戦争に勝利し、私がテバイへ戻ってきたら結婚しよう」

と求婚し、アルクメネはそれを承諾しました。

その後、アンピトリュオンの軍は大勝利を収め、テバイへ凱旋することになりま

した。そして、翌日には彼が到着するというところまで来ると、それまでずっとアンピトリュオンのことを観察していたゼウスが、太陽神ヘリオスを呼び寄せました。

「なにかご用でしょうか」

「おぉ、ヘリオス、よく来てくれた。実は、これから三日の間、太陽を昇らせないでほしいのだ」

「し、しかし……。太陽が昇りませんと、夜がいつもの何倍も長く続くことになってしまいますが……」

「それでよいのだ」

その夜、ゼウスはアンピトリュオンに化けてアルクメネが一人で待つ家へ行きました。そして、天上界から見ていた戦いの様子を彼女に聞かせて安心させた後、彼女をベッドへ誘いました。

アルクメネは少しためらっていました。

「結婚の約束をしているのだから、いいだろう」

「……はい」

ゼウスが優しく接吻すると、硬かったアルクメネの身体から力が抜けていったので、そのまま手を胸に伸ばし、軽くなぞりはじめました。

「だめです……」

言葉では抵抗していましたが、それをあらわす身体の動きはありませんでした。

そこでゼウスは、太ももから脚の付け根にかけて静かに撫で始めました。手が茂みに近づくたびに、アルクメネは脚をかすかに震わせ息づかいを荒くしました。

しばらく手を上下させた後、ゼウスは茂みの奥に指を伸ばし、泉が溢れるのを待ちました。

アルクメネの最も敏感な部分が潤うと、ゼウスは彼女の耳元で「本当にいいんだね」と聞きました。

アルクメネの息づかいはすでに乱れていたので言葉を発することはできず、震えるように頷いただけでした。

ゼウスの硬く熱いものがゆっくり入っていくと、アルクメネは痛みに顔を歪め身体をのけぞらせました。

はじめてらしいきつい締めつけを感じながら、ゼウスは腰を動かし始めました。

そうするうちにアルクメネの眉間にあらわれていた苦痛の皺はやがて消え、快感の表情に変わっていきました。こうして二人は快楽の階段を一気に上り詰め、同時に果てました。

はじめてだったアルクメネは力を使い果たし、死人のように横たわっていましたが、ゼウスはまだ熱いままでした。そこで彼女をうつぶせにし、ふっくら盛り上がったお尻の間から再び入り、二度目の絶頂を味わいました。

その夜はとても長かったので、ゼウスとアルクメネは朝までに一〇度も交わり、果て続けました。この交わりで生まれたのが英雄ヘラクレスでした。

ヘラクレスはゼウスの血を引いていたため、幼い頃から勇敢かつ怪力でした。その後、ヘラクレスはアンピトリュオンやアウトリュコス、エウリュトスといったギリシャを代表する英雄たちやケンタウロスのケイロンから武術の指南を受け、若くして剛勇無双の戦士となりました。そしてキタイロン山のライオンを退治して最初の手柄を立て、それ以降、そのライオンの頭と皮を兜・鎧《よろい》のように身につけて戦うようになりました。

ヘラクレスはメガラという妻を娶り、子宝にも恵まれましたが、ゼウスの浮気で生まれた子どもが幸せに暮らしているのを知ったヘラは激怒し、彼を発狂させました。おかげでヘラクレスは我が子を一人残らず殺してしまいました。

後に正気に戻ったヘラクレスは、自分が犯した罪に驚き震えました。そして、どうすれば罪を償うことができるかを問うため、アポロンの神託をうかがいました。

「お前の父アンピトリュオンの故郷アルゴスへ行き、エウリュステウス王に十二年間仕えて命じられた仕事を成し遂げよ。そうすればお前は許され、不死を得ることができるだろう」

ヘラクレスは神託の通り、アルゴスへ行きエウリュステウス王に仕えました。このときエウリュステウス王に命じられて行ったのが、有名な「ヘラクレスの一二の難業」です。

そのひとつに、「アマゾネスの女王ヒッポリュテが持っている黄金の帯を奪ってくる」という難業がありました。帯はその名の通り黄金製で、しかも無数の宝石が散りばめられていたため、エウリュステウス王が娘にプレゼントしたいと考えたのです。

アマゾネスは女だけで構成された勇猛な部族で、全員が弓と槍の名手でした。しかも、騎馬の技術にも秀でていました。

彼女たちは部族を保持するため、毎年、ときを定めて他国の男をさらい、交わりを持ちました。さらわれた男は精気をすべて吸い取られた後、首をはねられて黒海に投げ入れられました。生まれた子どもも女の子だけを育て、男の子が生まれた場合は無慈悲に殺されました。

ちなみに、アマゾネスとは「乳なし」という意味で、彼女たちは弓を引くために邪魔な右の乳房を切り取っていたことから、こう呼ばれるようになりました。

このような冷酷な部族の長が「はいどうぞ」と素直に帯を渡してくれるとは考えられなかったため、ヘラクレスは当初、力ずくで奪おうと考えていました。しかし、そのようなことをすれば恨みが残り、復讐される可能性も考えられたため、まずは話し合ってみようと考え直しました。

ヘラクレスは単独で船を操って黒海を渡り、アマゾネスが本拠地としているテミスキュラを訪ねました。丸腰で港へ降り立つと、すぐさま完全武装した女戦士たちに取り囲まれ、その中からひときわ美しい女が一歩前へ進み出ました。

「お前は誰で、なんの目的でここへやってきたのか」

「私の名はヘラクレス。アマゾネスの女王ヒッポリュテ殿が持っているという黄金の帯を譲っていただくために、はるか遠くのギリシャからやって参りました」

と言うと、女戦士たちがどよめきました。

「静かに！」

美女がたしなめると、そのどよめきはすぐに収まりました。

「ずいぶんと図々しいことを言う男だな。単身でこのテミスキュラに乗り込んできた勇気は認めてやるが、そのような要求が通ると思っているのか？」

「それ相応のお礼はするつもりでおります」

「お礼とはなんだ？」

「それは、ヒッポリュテ殿に直接私の口からお伝えいたしますので、謁見のお許しをください」

美女はニヤリと笑い、

「私が、そのヒッポリュテだ。さて、そのお礼とやらを聞かせてもらえるかな」

ヘラクレスは跪いて女王への敬意をあらわしました。

「ヒッポリュテ様、失礼いたしました。改めてお願いいたします。あなた様がお持ちの黄金の帯を譲っていただきたく、こうしてやって参りました。もし、黄金の帯を譲っていただけるのなら、どの男よりも優れた私の胤《たね》をあなた様の身体に注ぎ込んで差し上げましょう」

女戦士たちが再びどよめきましたが、こんどはヒッポリュテも止めようとしませんでした。いや、正確にはヘラクレスの〝お礼〟を聞いて身体の芯が熱くなり、息を呑むことしかできなかったのです。

ヒッポリュテは改めてヘラクレスの全身をたしかめました。彼の身体はいかにも闘志のかたまりといった力強い筋肉で覆われており、赤銅色の肌はみずみずしく輝いていました。顔はことさら美男子というわけではありませんでしたが、がっちりした顎が意志の固さをあらわしていました。にもかかわらず粗野な感はまったくなく、人の心を射貫くような美しい瞳には気品すら漂っていました。こんな男の子どもなら、美しく勇敢な女戦士になることは確実だと思えました。

「なるほど……面白いお礼のしかたもあったものだな。よしっ、黄金の帯を譲ってやろうではないか。ただし……その礼とやらを先に受け取り、本当に価値があるものかどうかをたしかめてからだ」

「もちろん、それでけっこうでございます」

条件は付けられたものの、あまりにもあっけなく要求が受け入れられたので、ヘラクレスは拍子抜けしてしまいました。

しかし、その夜から〝お礼〟の要求が始まりました。

歓迎会が開かれた後、ヘラクレスはヒッポリュテの部屋に招かれました。彼女はすでに薄いドレスに着替えていて、胸の膨らみや美しい栗色の茂みがうっすら透けていました。

「私も飲むから、あなたももう少し飲みなさい」

とヒッポリュテは酒をすすめ、二人は次第に酔いを深めていきました。

「あら、このボトルも空になっちゃったわね。もう一本、持ってくるわ」

立ちあがろうとしたヒッポリュテの足もとが揺れ倒れそうになったので、とっさにヘラクレスが抱えました。するとその途端に、ヒッポリュテが肩に噛みついたのです。

「な、なにをなさるのですか！」

驚いたヘラクレスが彼女の顔をのぞき込むと、今度は唇に吸い付き、強引に舌を押し込んできました。

　無下に突き飛ばすわけにもいかず、ヘラクレスがなされるがままになっていると、下半身が充血していくのがわかりました。そしてその充血を見逃さず、ヒッポリュテの手が握り締めました。

「これなら、お礼にも期待ができそうね。さっ、ベッドに横になりなさい。もう待てないわ！」

　ヘラクレスが言われた通りベッドに横たわると、ヒッポリュテは器用に彼の服を脱がし始めました。瞬く間に下半身が露わになり逞しい男が明らかになると、ヒッポリュテが上にのしかかってきました。ヘラクレスが片方しかない胸に手を伸ばすと、彼女はその手を叩きました。

「これはお礼でしょう。それなら、あなたが楽しむ必要はないはず。私だけが快楽を得られればいいのだから、このままなにもせずにじっとしていなさい」

　ヘラクレスは言われた通りにするしかありませんでした。

　ヒッポリュテの舌が全身をなめ回した末にヘラクレスの熱いものへたどり着き、口に含みました。「あなたが楽しむ必要はない」と言われたものの、ねっとりとした感触に包まれた時間をヘラクレスは充分に楽しんでいました。

「そろそろいただくわね」

ヒッポリュテは服を来たまま、その熱いものを自ら深く射し込みました。

「あぁ、熱いわ……」

そう言うと、ヒッポリュテは腰を前後に動かし始めました。息づかいが次第に激しくなり、やがて悲鳴へと変わりました。ヒッポリュテは身体を細かく痙攣させのけぞらせましたが、それでも腰の動きが止まる様子がなかったので、ヘラクレスは追い詰められていきました。

「……もうよろしいでしょうか」

とヘラクレスが言うと、ヒッポリュテは束の間正気を取り戻し、ベッドサイドにあった短剣を手にして彼の首筋に当てました。

「だめ、まだだめよ！　絶対にだめだからね。今果てたら、首を切り落としてやるから覚悟しなさい！」

首筋に伝わるひんやりした感覚のおかげでヒッポリュテの動きに耐えられるようになり、ヘラクレスは再びゆっくりと快楽の階段を上がっていきました。

ふとヒッポリュテが動きを止めました。これで終わりなのかとヘラクレスが油断していると、彼女は背中を向けて再び自ら貫き、動き始めました。

ヒッポリュテは何回腰を振るつもりなのだろう……一〇回、二〇回、三〇回……三八回までは数えていましたが、それ以上は耐えることに神経を集中しなければなりませんでした。

もうこれ以上は耐えられないと観念した途端、ヒッポリュテの身体が激しく痙攣し、ヘラクレスはきつく締めつけられました。そして、果てました。

ヒッポリュテは力を使い果たしたようにベッドの端にぐったり横たわっていました。ヘラクレスは弱さを垣間見せた女の身体を抱き寄せようとしましたが、再び短剣が心臓を狙いました。

「私に触れると許さないわよ！　あなたはゲストルームに戻りなさい」

ヘラクレスは余韻を一切楽しめないまま、服を抱えて自室へ戻っていきました。

ヒッポリュテとの一方的な交わりは、それから一〇夜連続で続きました。一一夜目はお呼びがかからなかったため、ヘラクレスは「満足してくださったのか」と安堵しましたが、それは甘い考えでした。

ヘラクレスがベッドに入り、ヒッポリュテとの交わりを思い起こしながらまどろんでいると、突然、女たちが部屋になだれ込んできたのです。しかも彼女たちは全員、素っ裸でした。

「な、なにを……」

言い終わるより先に四人の女がヘラクレスの手足をがっちり押さえ込み、別の女が服を脱がし始めました。そして下半身が露わになると、また別の女がいきなり口に含みました。

「私たちにも〝お礼〟をしてもらわないとね。さて、お前がどこまで耐えられるか、見物だわ」

「それは聞いていないぞ！」

悲しいもので、拘束されて脅され、その気がなくても男の身体は勝手に反応してしまうものです。ヘラクレスが硬くなると、それまで口に含んでいた女が自ら射し込みました。束の間顔をしかめた女は、やがて口もとに笑みを浮かべながら腰を動かし始めました。内側から女の複雑な感触が伝わり、ヘラクレスの硬さは増す一方でした。そして、その硬さが女の腰の動きをさらに速め、二人は瞬く間に階段を上り詰めてしまいました。

するど女は、まるで目的地に着いたかのようにさっさと下りました。まだヘラクレスは充分に硬さを維持していたため、次の女はそのまま貫きました。

「さっ、私にもちょうだい」

先ほどとは違う感触が伝わり、ヘラクレスはまた快感の階段を上り始めました。いや「上らされている」と言った方が正確だったかも知れません。女たちがよってたかって彼の背中を押し、果てさせようとしていました。

結局、その日は二〇人の女たちに与えることができました。しかし、無敵の戦士であるヘラクレスも、毎日これだけの女に与えることはできませんでした。翌日は一九人、翌々日は一七人。そしてその次の日は一五人と、次第に減っていくのはやむを得ないことでした。

ヘラクレスにとって、これは無間《むげん》地獄以外のなにものでもありませんでしたが、天上で彼の様子を監視していたヘラには「楽しんでいる」としか思えませんでした。難業に苦しんでいるはずのヘラクレスが、夫と同じようにたくさんの女と快楽を味わっているとた見たのです。

そこでヘラは女戦士に化けてアマゾネスの中に紛れ込み、まっ赤な嘘を吹き込みました。

「ヘラクレスが黄金の帯をもらい受けに来たなんてまっ赤な嘘だよ。あいつの本当の狙いはヒッポリュテ様。彼女を誘拐しようとしているんだよ」

最初は信じなかった戦士たちも、ヘラが繰り返しこう言い続けたので次第に信じ込む者が増えていきました。そしてついに有志たちが「ヘラクレスを殺してしまおう」という結論に達したのです。

次の夜、ヘラクレスの部屋を訪れた女たちはいつもと様子が違っていました。今までは素っ裸だったのに、その夜は完全武装をしていたのです。

「おのれ、ヘラクレス、殺してやる！」

女戦士たちは、丸腰のヘラクレスに向かって一斉に飛びかかりました。しかし、彼女たちはヘラクレスの力をみくびっていました。彼は目にも留まらぬ速さで女戦士から剣を奪うと、次々に返り討ちにしていきました。

「おのれ、ヒッポリュテ、騙したな！」

卑怯な不意打ちを食らわされたことで、ヘラクレスは激怒しました。そして、その怒りにまかせてヘラクレスはヒッポリュテの寝室へ飛び込みました。

「！」

ヒッポリュテは、全身に返り血を浴びた恐ろしい形相のヘラクレスを見て心底驚きました。そしてなにかを言おうとしましたが、それは彼に伝わりませんでした。その前に首を切り落とされてしまったのです。

ヘラクレスはヒッポリュテの部屋を荒らし回り、黄金の帯を見つけました。そして、それを持って船へ駆けていきました。その途中、彼の逃亡を阻止しようと、たくさんの女戦士たちが待ち構えていましたが、剣を持ち怒り狂ったヘラクレスに敵う者などこの世にいませんでした。

ヘラクレスの前に立ちはだかった女戦士たちは次々に切り裂かれ、誰も彼のことを止めることはできませんでした。

こうしてヘラクレスは船に乗り込み、また長い航海をしてギリシャへと戻っていきました。

著者略歴

平川 陽一

ひらかわ よういち

1946年、東京都生まれ。早稲田大学文学部仏文学科卒業。光文社カッパブックス編集部を経て、現在、㈱幸運社代表。主に歴史ミステリー、超常ミステリーなどの分野で活躍している。

主な著書に『世界遺産・封印されたミステリー』『世界遺産・秘められた英雄伝説』『古代都市・封印されたミステリー』『世界遺産・消えた文明のミステリー』『本当は怖い! 日本のしきたり』(以上、PHP研究所)、『世界の超常ミステリー①②③④』『超古代文明の謎』(以上、KKベストセラーズ)、『超常ファイル 世界の怪奇と謎』『ノストラダムス大予言 最後の読み方』(以上、廣済堂出版)、『世界の謎と不思議』(扶桑社)、『えっ! そうなの? 歴史を飾った人物たちの仰天素顔』(徳間書店)などがある。

装丁・本文デザイン／石濱美希
組版／松田里恵
校正／永森加寿子
編集／坂本京子　田谷裕章

教科書では教えてくれない
愛とエロスで読み解くギリシャ神話

初版1刷発行　●2023年8月23日

著　者　平川陽一
発行者　小川泰史
発行所　株式会社Clover出版
〒101-0051　東京都千代田区神田神保町3丁目27番地8 三輪ビル5階
TEL 03-6910-0605
FAX 03-6910-0606
https://cloverpub.jp
印刷所　日経印刷株式会社

ISBN978-4-86734-166-7 C0022